Collection
Entreprises et société

Sous la direction de Bernard Deforge
et Laurent Acharian

LA GUERRE DES GÉNÉRATIONS AURA-T-ELLE LIEU ?

Frédéric Monlouis-Félicité

LA GUERRE DES GÉNÉRATIONS AURA-T-ELLE LIEU ?

PARIS

MANITOBA / LES BELLES LETTRES

2022

www.lesbelleslettres.com
Retrouvez Les Belles Lettres sur Facebook et Twitter.

ISBN : 978-2-37615-088-6

Pour Camille, Agathe et Gabriel.

La fonction la plus simple, la plus profonde,
la plus générale de notre être [...]
est de faire de l'avenir.

Paul Valéry, Variété 4*, 1938.*

Avant-propos

Sommes-nous responsables de l'avenir? Cette question était proposée à la réflexion des candidats au baccalauréat 2021. Beau sujet, comme aiment à dire les professeurs de philosophie. Que la seule épreuve du bac maintenue pour la «génération Covid» incite les lycéens à se pencher sur l'avenir résonne profondément avec leur expérience. Pendant des mois, à l'âge des projets, des millions de jeunes ont été plongés dans l'incertitude absolue. L'avenir, pour ces jeunes, est d'ores et déjà encombré par un passé lourd d'un héritage peu enviable, et un présent incertain. Malgré cela, et par définition, l'avenir est devant nous, encore indéterminé. À nous de le *faire*, pour reprendre la belle formule de Valéry. À nous, surtout, de nous en sentir responsables.

Le coup d'arrêt soudain porté par l'épidémie de Covid-19 à la plupart des activités humaines, qu'elles soient liées à la production, à la formation, à la mobilité ou aux loisirs, a eu les allures d'un crash collectif. Trois ans après le déclenchement de cette épidémie en Chine, à l'automne 2019, le monde reste profondément bouleversé. La quasi-totalité des États ont adopté des mesures radicales, dans l'urgence. Les cycles de confinement et de fermeture des frontières ont créé une situation inédite. Le déclenchement de la guerre en Ukraine en février 2022, la hausse des prix de l'énergie et le retour de l'inflation rendent l'avenir plus sombre qu'il ne l'a jamais été depuis la Seconde Guerre mondiale. Concentré sur la gestion quotidienne des crises et les mesures d'urgence, l'État semble avoir oublié son rôle de garant du long terme. Oui, nous sommes collectivement responsables de l'avenir, et d'abord en prenant soin de ceux qui l'incarnent : les jeunes.

La réaction mondiale à la crise financière de 2008 a largement consisté – quoi qu'il en coûte – à sauver l'épargne des baby-boomers au prix d'une gigantesque dette laissée aux actifs et aux générations futures. La réaction à la crise pandémique a consisté – quoi qu'il en coûte – à préserver la vie des mêmes baby-boomers au prix de dégâts collatéraux innombrables pour les jeunes. Largement épargnés par le virus, ils en ont subi les effets délétères dans leur vie quotidienne, et ils en paieront les conséquences longtemps après que la maladie aura disparu, même si leur situation actuelle est objectivement meilleure qu'anticipé. Le présent et l'avenir de 20 millions de jeunes Français de moins de 25 ans ont-ils été *de facto* hypothéqués pour assurer la survie des plus âgés ? Le sauvetage des baby-boomers s'est-il accompli au détriment de la génération Z[1] ? Les premiers ont continué de percevoir leurs retraites, leur épargne a augmenté, ils ont vécu le confinement dans des logements plus confortables que les seconds. Ils abordent les temps troublés qui s'annoncent avec une assise patrimoniale sans commune mesure avec les plus jeunes. Si, dans les premiers temps angoissants de la pandémie, cette question pouvait revêtir les atours de la provocation, elle est devenue une inquiétude qui a gonflé au rythme de l'accumulation des dettes publiques. L'expression la plus répandue au sujet de la crise sanitaire est qu'elle a été un révélateur et un accélérateur. Révélateur de faiblesses structurelles d'abord. La pandémie a révélé au grand jour les difficultés d'une jeunesse dont l'insertion sociale et professionnelle était déjà handicapée de longue date, particulièrement en France. Accélérateur d'une tendance lourde ensuite, qui fait des jeunes la variable d'ajustement d'un pays qui a la réforme paresseuse. La récession économique qui s'annonce à la suite du retour de

1. Sauf mention contraire, nous parlerons dans cet essai de la classe d'âge des 18-24 ans, même s'il est évident que les difficultés des jeunes ne s'arrêtent pas à 25 ans. La génération Z désigne ceux qui sont nés après 1995.

la guerre en Europe, que la France aborde en situation de fragilité budgétaire et démocratique, risque de toucher en premier lieu les jeunes, qu'ils soient à l'école, étudiants ou déjà sur le marché du travail. Ce constat demande bien sûr à être nuancé. Parler des « jeunes » en général est une approximation : à l'évidence, il existe des jeunesses. Les jeunes diplômés, même en temps de crise, s'en sortent mieux que ceux, trop nombreux, qui ont quitté le système scolaire sans diplôme ni qualification. Le milieu social et l'origine géographique sont aussi des facteurs de différenciation forte pour augurer du destin d'un individu, particulièrement dans notre pays. Les 30 % de jeunes qui habitent dans des communes rurales et 30 % dans des villes de moins de 10 000 habitants, sont, malgré leur nombre, souvent oubliés des politiques publiques. À cette diversité de situations s'ajoute un phénomène dont les progrès constants devraient nous alerter : la désaffection des jeunes à l'égard de la démocratie.

D'élection en élection, les jeunes se détournent des formes classiques d'engagement politique, de façon plus massive que le reste de la population. Le taux record d'abstention chez les jeunes aux quatre dernières échéances électorales (municipales en 2020, régionales et départementales en 2021, présidentielle et législatives en 2022) confirme cette tendance préoccupante. La jeunesse est par définition la population sur laquelle repose l'avenir du pays, mais qui traduit le moins ses préférences politiques en choix électoraux. Cette anomalie ne saurait être considérée comme satisfaisante sur le plan démocratique. Quand 50 % des votants sont des retraités, le suffrage universel est en réalité de moins en moins… universel. Cette situation fragilise dangereusement la légitimité démocratique de nos institutions. Et le sujet n'est pas tant de parler aux jeunes que de faire en sorte que la politique s'intéresse aux jeunes. C'est à cette condition que les jeunes, en retour, s'y intéresseront.

Pour toutes ces raisons, l'idée de guerre des générations pourrait trouver une résonance dans les prochaines années. Que cette expression soit excessive n'y change rien. Tous les jeunes ne sont pas sacrifiés, fort heureusement, mais il y a beaucoup trop de sacrifiés parmi les jeunes. Les difficultés structurelles d'insertion professionnelle des jeunes, allégées par des dispositifs temporaires de soutien, perdurent. Une dette monumentale pèsera sur eux pendant des décennies. Leur ressentiment à l'égard des générations plus âgées, qui, à leur âge, n'ont pas eu les mêmes difficultés d'insertion, qui disposent d'un niveau de vie confortable et pour la santé desquelles des mesures de restriction des libertés individuelles ont été prises pourrait dégénérer en un conflit générationnel inédit.

Les formes précises de la guerre des âges sont tout aussi floues que son imminence. Mais le ressentiment, en l'absence d'expression politique structurée, pourrait se traduire non pas par la continuation d'une « démocratie intermittente » de faible intensité mais par la révolte et le chaos. Si les jeunes ont le sentiment de vivre dans une société bloquée, inégalitaire en raison de l'âge, arbitraire du fait du hasard de crises que par définition personne ne peut prévoir ou maîtriser, une société dans laquelle l'avenir se construit sans eux, alors leur message sera simple et bref : *no future*. Il n'est d'ailleurs pas anodin que les sondages montrent que les jeunes sont la tranche d'âge la moins attachée à la démocratie.

Pour soutenir les jeunes dans les difficultés qu'ils traversent, des mesures ciblées sont à l'œuvre depuis l'automne 2020 (exonérations de charges sociales, soutien à l'apprentissage, aides au logement…). Elles sont indispensables et permettent de répondre à l'urgence conjoncturelle. Mais on ne soigne pas un délitement social et démocratique à coups de chèques. Les milliards des plans de relance ne modifient pas en profondeur la réalité vécue par la jeunesse et sa vision de l'avenir. L'expérience d'insignifiance sociale vécue par des millions d'individus qui restent sur le bord du chemin est une bombe à retardement alimentée par les frustrations et augmentée par la fragmentation sociale. La polarisation du débat public fera le reste pour nous mener droit à l'explosion.

La guerre des générations annoncée est-elle inéluctable pour autant ? Non, si une véritable politique de la jeunesse est mise en œuvre, c'est-à-dire un ensemble de politiques publiques tournées vers l'avenir. Elle consiste à adopter des mesures structurelles à destination des plus jeunes, pour les accompagner plus efficacement que par le passé dans tous les domaines critiques liés à leur formation ou à leur insertion professionnelle et sociale. Les pages qui suivent tenteront d'explorer des pistes de réflexion dans ces domaines. Mais ces mesures, pour nécessaires qu'elles soient, resteront insuffisantes. Il faut redonner du souffle au pays en incitant ceux qui font la France de demain à exprimer leurs préférences de long terme.

Car il nous faut répondre à un défi démocratique face auquel il n'y a pas de réponse simple. Quand 41 % des 18-24 ans s'abstiennent au second tour de l'élection présidentielle de 2022, sur quelle base s'appuyer pour porter un projet de société digne de ce nom ? Comment faire des jeunes les gardiens vigilants de la vitalité de notre système démocratique et non pas des électeurs-consommateurs désabusés et intermittents ? Paul Valéry disait que l'âge réel d'un homme pourrait se mesurer à l'exercice de la *fonction-Avenir* de son esprit. On pourrait dire de même de l'âge réel d'une société. Depuis le milieu des années 2010, la part des plus de 60 ans a dépassé celle des moins de 20 ans dans notre pays. Mais il n'y a pas de fatalité à ce qu'une population vieillissante surdétermine les grandes orientations du pays. Une solution existe : accorder un poids supérieur au vote des électeurs les plus jeunes. Cette idée permettrait de redonner de l'espoir à une jeunesse dont le désengagement fait peser un risque sur l'avenir de notre démocratie. C'est un investissement dans l'avenir qui ne pèse pas sur les finances publiques et qui modifie en profondeur le terrain de jeu. Cette idée pourrait redonner du souffle à un système politico-administratif exagérément tourné vers la conservation de l'existant, et insuffisamment consacré à la construction de l'avenir.

Le ressentiment se nourrit de la prise de conscience que les choix politiques, depuis des décennies, ont structurellement privilégié les positions acquises des générations plus âgées. La surpondération du vote des jeunes incitera les programmes électoraux à s'ajuster pour mieux prendre en compte les aspirations d'une catégorie de la population à laquelle on ne propose trop souvent que les illusions du revenu universel ou l'ersatz des emplois aidés. Le vote générationnel renouvelle radicalement la promesse de mobilité sociale qui est au cœur du pacte républicain. C'est la façon la plus certaine de nous abstenir d'accroître notre bonheur présent, s'il doit induire le malheur des générations à venir[2]. C'est à ce prix que la guerre des générations n'aura pas lieu.

2. Hans Jonas, *Le principe responsabilité: une éthique pour la civilisation*. Cerf, 1990.

Première partie

UNE JEUNESSE DÉLAISSÉE ?

> J'avais vingt ans. Je ne laisserai personne dire que c'est le plus bel âge de la vie.
>
> *Paul Nizan,* Aden Arabie *(1931).*

La situation dans laquelle se sont trouvés les jeunes Français en 2020 a été, à bien des égards, dramatique par sa brutalité et son intensité mais elle n'a malheureusement rien de neuf. Depuis le choc pétrolier de 1973, qui a sonné la fin des Trente Glorieuses, l'entrée dans l'âge adulte, avec les attributs principaux de l'autonomie – en premier lieu l'accès à l'emploi et au logement – est de plus en plus difficile. Un niveau scolaire dégradé, un taux de chômage désespérément élevé et une accession à l'autonomie problématique sont les caractéristiques communes des jeunes générations à partir des années 1980. À tel point qu'on peut légitimement former l'hypothèse que les jeunes ont été, depuis près d'un demi-siècle, la variable d'ajustement d'une France qui peine à se réformer.

Par effet de contraste, on peut reprendre le diagnostic sans concession que dresse le sociologue Louis Chauvel qui dénombre sept fractures générationnelles, comme autant de péchés capitaux, dont les baby-boomers sont toujours sortis gagnants. Première fracture, celle du pouvoir d'achat : les baby-boomers bénéficient d'un niveau de vie supérieur de 20 % aux générations d'avant 1930 ou d'après 1970. Deuxième fracture, le désajustement entre les diplômes et les professions, du fait de l'inflation universitaire. Troisième fracture, le plein-emploi à la sortie des études, dont les générations post-1970 ne bénéficient plus. Quatrième fracture, la fin de l'ascension sociale. Cinquième fracture, les dégâts psychologiques dus à l'écart croissant entre aspirations et réalisations. Sixième fracture, l'impossible transmission du modèle social aux générations futures. Septième fracture, l'absence de continuité politique organisée entre générations[1]. En 1970, Pierre Mendès-France organise une journée à la campagne, sous l'œil des caméras de l'ORTF, pour donner la parole aux jeunes. Dans la France post-mai 68, le malaise des jeunes, comme on qualifie alors leur situation, résonne étonnamment avec notre époque. L'un des jeunes interrogés évoque sa vie en foyer, son salaire de 600 francs et la somme de 500 francs nécessaire pour payer son loyer et sa nourriture. La permanence avec la situation actuelle – sentiment de vivre dans une société bloquée, inégalitaire et sans perspectives – est frappante. Cinquante ans plus tard et colliers de barbe en moins, le calme relatif de la jeunesse ne doit pas faire illusion. Avec un brin d'inquiétude, les décideurs politiques louent les jeunes pour leur résilience, après des mois de restrictions en tout genre et de montagnes russes épidémiques. Avec ce mot fourre-tout, on peut faire avaler beaucoup de couleuvres mais la plupart des jeunes n'ont que faire de cette supposée résilience. Ils oscillent entre discipline, agacement et résignation face à des événements qui leur échappent. Mais prenons garde de ne pas confondre cette attitude avec du consentement. Qui peut accepter des décisions aussi contraires à ses intérêts les plus élémentaires sans jamais élever la voix ?

Depuis quarante ans, les conditions d'accès des jeunes à la pleine citoyenneté se sont fortement dégradées. Pour s'en rendre compte, il suffit de considérer quatre piliers fondamentaux de l'entrée dans la vie adulte : l'éducation, l'enseignement supérieur, l'emploi et le logement. La trajectoire des jeunes et la qualité de

---

1. Louis Chauvel, *Le Destin des générations*, Paris, Puf, 1998, préface à la 2e édition (2014).

leur insertion sociale en dépendent étroitement. Ces coups de projecteur jettent une lumière crue sur les choix et les priorités des gouvernements qui se sont succédé depuis un demi-siècle.

1.1 – ÉDUCATION NATIONALE : LES DÉGÂTS DE LA MASSIFICATION

Dans un pays où énoncer des évidences revient à être aussitôt relégué dans la catégorie des vieux grincheux, il faut une forme d'inconscience pour oser affirmer que oui, c'était mieux avant. L'école est la mère de toutes les batailles et pourtant une rapide revue des failles du système scolaire laisse peu de place au doute quant à la dégradation du niveau. Des dizaines de rapports et d'ouvrages sont publiés chaque année sur la question. Il ne s'agit pas ici de viser à l'exhaustivité, mais d'insister sur les conséquences, pour les élèves, des défaillances du système supposé leur donner les clés d'une insertion réussie dans la Cité. Tous les ans, environ 100 000 jeunes quittent l'école sans diplôme. Un système qui conduit chaque année un lycéen sur cinq à quitter l'enseignement secondaire sans diplôme est profondément déficient et ne sert pas la population qu'il est censé former à la vie adulte.

DES PERFORMANCES EN BERNE

Premier constat : entre 16 et 29 ans, un jeune sur dix ne maîtrise pas les compétences de base, c'est-à-dire que plus d'un million de jeunes connaissent des difficultés importantes en compréhension écrite, orale et en calcul. Depuis 2000, tous les trois ans, l'OCDE (Organisation de coopération et de développement économiques) organise les tests Pisa[2], qui évaluent les connaissances acquises

---

2. Pisa pour « Programme International pour le suivi des acquis des élèves ». Les derniers tests, réalisés en 2018, ont permis de comparer 79 pays. Un échantillon aléatoire de 7 000 élèves a passé les tests dans 252 établissements publics et privés.

à l'âge de 15 ans. C'est la plus grande étude internationale qui mesure l'efficacité des systèmes éducatifs. Le ministère de l'Éducation nationale se félicite des résultats des tests publiés en 2019, qui montrent une stabilité des compétences en lecture et en sciences par rapport à ceux de 2015, avec une performance des élèves français légèrement au-dessus de la moyenne de l'OCDE. En revanche, la dégradation des compétences mathématiques est sensible, même si les jeunes Français restent au-dessus de la moyenne. Mais si on considère une échelle de temps plus grande, on constate une dégradation spectaculaire du niveau en mathématiques et en sciences depuis le milieu des années 2000. Les enquêtes internationales placent les élèves français de CM1 et de quatrième à la dernière place des pays développés, au niveau de la Roumanie[3]. C'est malheureux pour un pays dans lequel on inflige 750 heures de mathématiques aux élèves entre le CM1 et la seconde. L'intégration de jeunes réfugiés ukrainiens dans les classes françaises début 2022 a d'ailleurs permis de confirmer *in situ* le faible niveau des élèves français dans ce langage universel que sont les mathématiques. La Cour des comptes souligne que 40 % des élèves en fin de primaire ne possèdent pas les connaissances fondamentales en lecture et en mathématiques pour suivre une scolarité au collège dans de bonnes conditions[4]. De même, la baisse continue du nombre des très bons élèves dans les trois compétences est un facteur évident de préoccupation.

Stagner dans la médiocrité devrait inquiéter et mobiliser. À plus long terme, le peu d'appétence des Français pour la formation professionnelle s'explique aussi par les faiblesses de la formation initiale : quand on n'a pas acquis à l'école le goût d'apprendre ni les outils pour le faire, il y a peu de chances de vouloir se (re)former quand on est sur le marché du travail. La productivité et l'inadéquation entre les besoins des entreprises et les qualifications de la main-d'œuvre trouvent là une origine certaine.

---

3. Enquête TIMMS 2019 (*trends in international mathematics and science study*).

4. Cour des comptes, « Une école plus efficacement organisée au service des élèves », rapport annuel, décembre 2021.

L'ÉGALITARISME ÉLITAIRE À LA FRANÇAISE

L'objectif affirmé en 1985 par Jean-Pierre Chevènement d'amener 80 % d'une classe d'âge au niveau du bac est aujourd'hui largement dépassé. Mais à quel prix ! Si l'objectif de faire progresser le niveau général de la population ne peut pas être remis en cause, à la fois pour des raisons sociales et économiques, la course aux chiffres a conduit à une inflation incontrôlée obtenue au prix d'une moindre exigence. De 10 % d'une génération en 1960, les bacheliers comptaient pour 30 % de leur génération en 1980. Entre 1985 et 1995, ils ont connu une progression fulgurante de 35 % à 65 % avant de se stabiliser dans la décennie suivante. À partir de 2011, la décision d'orienter beaucoup d'élèves auparavant dirigés vers des CAP et BEP vers le baccalauréat professionnel a permis de franchir allègrement la barre des 88 % en 2019. En nourrissant l'illusion du bac pour tous, cette politique a conduit à gonfler artificiellement les effectifs de l'enseignement général, en faisant du passage du collège au lycée général la norme, indépendamment des aptitudes de chacun et au détriment des filières professionnelles. La discipline et la motivation étant les choses les moins naturelles du monde quand on n'a pas le goût de l'apprentissage scolaire, l'impossibilité pour les enseignants de simplement faire classe dans des conditions normales conduit nombre de professeurs à réduire leurs exigences. Les élèves eux-mêmes sont conscients des conditions dégradées dans lesquelles ils travaillent, puisque 50 % déclarent qu'il y a « du bruit et du désordre dans la plupart ou dans tous les cours », contre 33 % en moyenne dans les pays de l'OCDE[5].

Selon une tournure d'esprit bien française, nous vivons avec l'idée que la coexistence d'une élite très réduite avec une grande masse de faible niveau est, au mieux, normale, au pire une fatalité. Qu'importent les 80 % de nuls en maths tant que les premiers de la classe poursuivent leur course aux étoiles. En passant des bancs de Louis-le-Grand à Polytechnique, ils

---

5. Enquête Pisa 2018.

contribuent à perpétuer l'excellence française. Et tant pis pour le ventre mou. Ce consensus implicite revient à abandonner en rase campagne des générations entières d'élèves, sur fond d'un discours fallacieux d'égal accès à l'éducation. Tant que le tissu productif pouvait absorber les bataillons de « mal-éduqués » dans des emplois peu qualifiés, la facture sociale de ce système dual était relativement invisible. Aujourd'hui, l'élite s'expatrie au sortir de l'enseignement secondaire ou des grandes écoles, et le flot des laissés-pour-compte grossit inéluctablement. Et c'est ainsi que se perpétue la stratification de la société française, dont le déterminant principal est l'origine sociale et géographique. Enfin, l'orientation, trop souvent vécue comme une machine à exclure, relègue vers les formations les moins prestigieuses ceux qui n'ont pas passé les filtres. Les choix professionnels de ceux-là sont souvent subis comme un stigmate social. Une étude récente de l'Institut des politiques publiques, un laboratoire de recherche de l'École d'économie de Paris, montre que dans les grandes écoles, la part des enfants d'ouvriers et de parents chômeurs n'a pas progressé entre 2006 et 2016 et n'a pas dépassé les 10 % pendant cette période[6], alors qu'ils représentent 36 % de la classe d'âge étudiée. Pire, 30 % des élèves des grandes écoles étudiées ont passé le bac en Île-de-France. À Polytechnique, HEC, l'ENS-Ulm et Science Po Paris, c'est même entre 44 % et 57 %. Tout pays a besoin d'une élite pour progresser, mais l'étroitesse de cette population est problématique. S'il fallait une seule bonne raison de s'occuper des autres, qu'on se dise que c'est le niveau *moyen* de formation de la population – c'est-à-dire la qualité des cadres intermédiaires, ouvriers et techniciens – qui décide du destin d'un pays, comme l'ont parfaitement compris les pays nordiques, qui ne s'en portent pas plus mal. Enfin, pour planter le dernier clou dans le cercueil de l'égalitarisme élitaire à la française[7], l'écart entre les très bons

---

6. Cécile Bonneau, Pauline Charousset, Julien Grenet et Georgia Thebault, « Quelle démocratisation des grandes écoles depuis le milieu des années 2000 ? », rapport IPP, 30, janvier 2021.

7. Christian Baudelot et Roger Establet, *L'Élitisme républicain*, Paris, Seuil (La république des idées), 2009.

et les très mauvais élèves tend à s'accroître. Tel est l'enseignement des derniers tests Pisa. En mathématiques par exemple, la France compte peu d'excellents élèves (11 %, contre 37 % à Singapour) et leur niveau grimpe depuis le début des années 2000. L'élite est plus étroite pour la compréhension de l'écrit (9,2 % d'excellents élèves) et encore davantage en sciences (6,6 % d'excellents élèves). Dans le même temps, le niveau des moins bons élèves a continué de baisser[8]. Ce «tri sélectif» à la française[9], en plus d'être profondément injuste, est impropre à préparer l'avenir du pays, qui a besoin à la fois de citoyens éclairés et d'une main-d'œuvre prête à affronter les mutations du XXIe siècle.

DES VOISINS EUROPÉENS LOIN DEVANT

Pendant ce temps que font nos voisins? Au lieu de s'écharper pendant des mois sur la semaine de quatre jours comme sous le quinquennat de François Hollande, ils avancent. L'Allemagne du début des années 2000 a connu un «moment Pisa». La brusque prise de conscience des faiblesses de ses élèves l'a conduite à adopter un plan de redressement qui a produit ses effets de façon spectaculaire entre 2003 et 2009. Contrairement à une idée répandue, les résultats d'une politique scolaire peuvent être tangibles en moins d'une décennie. Mais le recul récent du pays dans les classements montre qu'en matière éducative les positions sont fragiles. Selon le principe du vélo, dès qu'on s'arrête de pédaler, la chute n'est pas loin. Autre exemple, la Finlande, qui consacre à son éducation la même part de son budget que la France. Les excellents

---

8. Selon l'étude Cedre publiée en juillet 2016 par le ministère de l'Éducation nationale, 58 % des élèves scolarisés en éducation prioritaire étaient en difficulté pour la maîtrise de la langue française à l'entrée en sixième. Dans l'enseignement public hors éducation prioritaire, ce sont 40 % des élèves qui étaient en difficulté.

9. J'emprunte l'expression à Pierre Cahuc, Stéphane Carcillo, Olivier Galland et André Zylberberg, *La Machine à trier. Comment la France divise sa jeunesse*, Paris, Eyrolles, 2011.

élèves y sont moins nombreux qu'en France, mais le pays arrive à hisser en moyenne ses élèves à un niveau homogène, permettant à la plupart des jeunes Finlandais de sortir du système scolaire en maîtrisant les compétences de base. En Finlande « l'éducation primaire et secondaire est considérée comme un instrument d'égalité sociale et non comme un moyen de produire une élite sélectionnée au terme d'un processus de distillation des essences les plus rares[10]. » Les soubresauts récents du modèle finlandais, qui découvre la difficulté de s'adapter à la diversité culturelle et ethnique croissante de sa population, ne doivent pas conduire à passer par pertes et profits ses enseignements : soutien scolaire très précoce, autonomie des établissements, responsabilisation managériale du directeur qui peut librement recruter, licencier et évaluer son équipe d'enseignants, liberté pédagogique des professeurs qui rend inutile l'existence d'inspecteurs, recrutement très sélectif des enseignants[11], formation exigeante, fonctionnement transversal qui permet aux professeurs de participer aux cours de leurs collègues... Les responsables de l'Éducation nationale française connaissent depuis longtemps le modèle finlandais. Des dizaines de missions d'observation et de voyages d'études ont permis à nombre de hauts fonctionnaires, pédagogues ou recteurs d'en disséquer les bienfaits et les limites. Mais, de toute évidence, la Finlande, vue de France, est considérée comme trop exotique, ou trop froide, ou trop petite ou trop... différente. Bref, aucun ministre n'en a jamais tiré de conclusions décisives pour réformer l'école française et nos directeurs d'établissement ne se battent pas pour avoir le privilège de recruter et évaluer leurs enseignants.

Une autre école est possible

Les raisons de ce déclin de l'école sont multiples et bien connues. Comme le note très justement la Cour des comptes :

---

10. Philippe Aghion, Gilbert Cette et Élie Cohen, *Changer de modèle*, Paris, Odile Jacob, 2017.

11. En 2010, sur 16 400 candidats, 800 ont été retenus.

> Malgré les mauvais résultats des évaluations nationales, en dépit des préconisations issues d'enquêtes internationales approfondies et reconnues, alors que de trop nombreuses réformes pédagogiques sont intervenues et que les crédits consacrés à l'école, au collège et au lycée ne font que croître, l'organisation scolaire n'a pas fait l'objet des transformations qui sont pourtant la condition de l'amélioration des performances du système éducatif de notre pays[12].

Il suffira d'insister sur trois facteurs structurants qui distinguent la France de ses voisins européens : la sur-administration, l'allocation déséquilibrée des ressources, la faiblesse managériale. Le budget de l'Éducation nationale est de loin le premier poste de dépense de la nation. Avec 53,6 milliards d'euros en 2021 (hors pensions de retraite), le budget consacré par l'État à l'enseignement scolaire est en hausse de 3 % par rapport à 2020. Il représente 5,2 % du produit intérieur brut, un chiffre supérieur à la moyenne de l'OCDE (4,9 %). Si on ajoute les retraites et les dépenses des collectivités et des ménages, on double la mise, soit la somme de 110 milliards d'euros. Il est donc difficile de se plaindre d'un faible niveau de dépenses. En retour, on peut légitimement exiger des résultats. Que ces dépenses considérables ne permettent d'atteindre que les alentours du 20e rang[13] des tests Pisa est un échec, et pas seulement pour la fierté nationale. L'optimisation des ressources devrait donc être une priorité, selon deux axes. D'une part, à niveau constant de fonctionnaires, il faut augmenter le nombre de personnels exerçant effectivement une mission d'enseignement. Plus d'un million de fonctionnaires[14] dépendent du ministère de l'Éducation nationale mais seuls 866 500 enseignent réellement. Effet pervers bien connu : dans toute organisation, qu'elle soit

12. Cour des comptes, rapport annuel 2021, op. cit.

13. Ce rang varie selon les compétences évaluées : entre la 20ème et la 26ème position pour la compréhension de l'écrit ; en 22ème position en lecture ; entre la 15ème et la 24ème place en mathématiques ; entre la 16ème et la 23ème place pour les sciences.

14. Exactement 1 022 496 équivalents temps plein en 2021, soit près de 53 % des personnels de l'État.

publique ou privée, une bureaucratie pléthorique a tendance à justifier son existence en surchargeant ses personnels opérationnels de tâches administratives qui les détournent de leur cœur de mission. Il n'est pas anodin que seuls 57 % des élèves déclarent que leurs enseignants semblent s'intéresser à leurs progrès, contre 70 % en moyenne pour l'OCDE[15]. Il ne s'agit donc pas de créer des postes supplémentaires, mais de réduire le nombre de personnels administratifs, en particulier en affectant les professeurs dans les établissements scolaires au lieu de les envoyer peupler les rectorats et les bureaux de l'administration centrale. Rêvons un peu. Si l'on réduisait le ratio de personnels non enseignants par rapport aux effectifs totaux de seulement deux points (soit de 15,2 % à 13,2 %), plus de 20 000 postes de professeurs supplémentaires pourraient être créés. Cela permettrait par exemple d'améliorer le taux d'encadrement des classes en primaire et en maternelle, où la France est en queue de peloton des pays de l'OCDE.

On sait que beaucoup du destin scolaire d'un individu se joue dans les premières années. Or, pendant longtemps le système français a sous-investi dans le premier degré, avec des classes maternelles et primaires surpeuplées, créant des conditions d'apprentissage dégradées. L'allocation des ressources entre le primaire, le collège et le lycée est déséquilibrée. La dépense moyenne par élève et par an est de 7 600 euros dans le premier degré, 8 800 euros au collège et 11 300 euros au lycée, suivant en cela une pente qui peut sembler naturelle. Et pourtant, c'est bien dans le premier degré qu'il convient de surinvestir, pour combler dès les premières années d'apprentissage les inégalités sociales et culturelles liées au milieu familial. La dépense par élève dans l'enseignement élémentaire français est 9 % inférieure à la moyenne de l'OCDE, alors que la dépense par élève au lycée est 30 % supérieure à la moyenne de l'OCDE. On n'investit donc pas au bon endroit. Bien qu'en hausse sensible depuis une décennie, le budget consacré au primaire est encore insuffisant pour combler le retard. C'est probablement là la plus grande faillite d'un système dont toutes

15. Enquête Pisa 2018.

les études montrent qu'il entretient le déterminisme social au lieu de le réduire. Depuis 2017, l'obligation de scolarisation à 3 ans et le dédoublement des classes de CP et de CE1 dans les zones d'éducation prioritaire sont des mesures qui devraient, à terme, porter leurs fruits. Mais l'origine sociale et le lieu de résidence sont toujours les principaux facteurs de réussite (ou d'échec) à l'école, dès l'école maternelle et primaire. À chaque étape de la vie scolaire, quand on vient d'un milieu modeste, on a un peu moins de chances. D'abord un peu moins de chances d'aller à la crèche. Puis un peu moins de chances d'être bien orienté. Puis un peu moins de chances de passer un bac général. À la fin de son parcours scolaire, on aura eu globalement beaucoup moins de chances. C'est ce qui explique que moins de 30 % des enfants issus de familles modestes accèdent à l'enseignement supérieur, contre près de 90 % parmi les plus aisés[16]. On sait depuis longtemps qu'il vaut mieux être riche et en bonne santé que pauvre et malade. De la même façon, pour réussir à l'école, il vaut mieux avoir des parents diplômés de l'enseignement supérieur et habiter à Paris[17]. Et le Graal : avoir des parents enseignants, ce qui donne 9 chances sur 10 d'accéder à l'enseignement supérieur, contre 3 chances sur 10 pour un enfant d'ouvrier non qualifié. Les tests Pisa, qui mesurent l'écart de performance entre les élèves selon leur origine sociale, le confirment. Sur 79 pays, la France est l'un des pays de l'OCDE où le poids des déterminismes sociaux est le plus fort, devancé en cela par seulement deux pays, Israël et Luxembourg. Et nos concitoyens ne sont pas dupes. Une enquête diligentée par la commission Tirole-Blanchard montre que 70 % de la population estime que l'éducation est bien meilleure pour les enfants appartenant à une catégorie socio-économique élevée. Les Français sont donc très lucides sur l'origine des freins à la mobilité sociale et les effets sur l'avenir de leurs enfants. Cette réalité

16. Gabrielle Fack, Élise Huillery, *Enseignement supérieur : pour un investissement plus juste et plus efficace.* Conseil d'analyse économique, décembre 2021.

17. Plus que le niveau de revenus, c'est bien le capital culturel des parents qui est déterminant : niveau de formation, profession, nombre de livres à la maison, langue d'origine…

justifie pleinement d'investir en priorité dans les maternelles et le primaire pour réduire la reproduction des inégalités dues au capital culturel.

Enfin, l'Éducation nationale est suradministrée et sous-managée. La déconnexion entre la responsabilité des chefs d'établissement et leur autorité réelle est un facteur d'inefficacité supplémentaire. Chargés de la bonne administration de leur établissement, ils n'ont en revanche pas la main sur le recrutement, l'évaluation ou la promotion de leurs enseignants, dont la carrière ne dépend que de l'inspecteur académique qui les évalue deux ou trois fois par décennie. Ils sont responsables de toute la vie de l'établissement, sauf de l'essentiel, c'est-à-dire du niveau scolaire. N'ayant autorité sur personne, ils n'ont pas leur mot à dire sur les méthodes pédagogiques ni sur les enseignants en charge de les appliquer. Évaluation, sanction, récompense, tous les leviers de la bonne gestion d'une équipe leur échappent, dans un domaine où ce sont précisément la qualité et la motivation des personnes qui font la différence. L'expérimentation lancée à Marseille pour la rentrée 2022 visant à accorder davantage d'autonomie aux directeurs d'école primaire, en particulier pour recruter leur équipe enseignante, mérite d'être généralisée au plus vite. La faiblesse du management, les conditions de travail difficiles des enseignants, le manque de reconnaissance et leurs faibles rémunérations expliquent en grande partie la crise des vocations que l'on retrouve à tous les niveaux. En début de carrière, nos enseignants ont des salaires plus bas de 18 % par rapport à la moyenne de l'OCDE. Avec un budget consacré à l'éducation équivalent à celui de la France, les professeurs allemands gagnent 40 % de plus. Et à l'école élémentaire, la différence est spectaculaire, puisqu'un enseignant allemand gagne 65 000 euros bruts contre 31 000 pour un professeur des écoles français. L'engagement présidentiel de consacrer 6 milliards d'euros à la masse salariale entre 2022 et 2027 et de porter le salaire minimum des professeurs à 2 000 euros nets en 2024 est un pas dans la bonne direction. Et c'est en tout cas toujours mieux que le niveau actuel de 1 800 euros nets, qui positionne un professeur des écoles au niveau de rémunération d'une caissière de supermarché, 13e mois et variable inclus. L'attractivité du métier d'enseignant se dégrade. Les démissions en sont la manifestation la plus nouvelle. Par lassitude, de plus en plus de professeurs se désengagent en quittant l'Éducation nationale. Les 360 démissions de professeurs des premier et second degrés en 2008 sont devenues plus de 1 600 en 2021. L'attrition est significative mais encore limitée.

Plus préoccupante est la difficulté à attirer de nouveaux enseignants. Le nombre d'inscrits aux concours de l'enseignement secondaire a chuté de 30 % en 15 ans. De 50 000 en 2006, les candidats au Capes ne sont plus que 30 000 aujourd'hui. 500 postes ouverts aux concours 2021 étaient non pourvus en primaire et 650 dans le secondaire, faute de candidats au niveau requis. En 2022, seuls 816 candidats étaient admissibles au Capes de mathématiques pour 1 035 postes ouverts. En allemand, 83 candidats étaient admissibles pour 215 postes ouverts. Les académies rivalisent d'imagination pour combler les trous, avec du *job dating* ou des petites annonces sur Le Bon Coin pour recruter des professeurs contractuels, à partir du niveau licence, voire bac + 2 dans certains cas, grâce à quoi on peut devenir professeur après 30 minutes d'entretien. Bientôt, il suffira de daigner se présenter aux concours pour devenir professeur… Pour inverser la tendance, on pourrait imaginer, comme le proposent Jean Tirole et Olivier Blanchard, de recruter les nouveaux enseignants sous un statut de droit privé en CDI avec un salaire revalorisé, et de proposer aux enseignants déjà en poste de basculer sous ce régime, moyennant un salaire plus élevé[18]. C'est ce que la SNCF ou l'ex-France Télécom ont mis en place il y a quelques années pour réduire leurs lourdeurs et se préparer au jeu concurrentiel.

Par conservatisme, démagogie, idéologie ou crainte du conflit avec des syndicats surpuissants ou simplement par inertie, le système éducatif semble voué à l'inefficacité. En allouant toujours plus de ressources sans exiger davantage de résultats en retour, l'État entretient une organisation qui prend de la graisse sans gagner en muscles. On sait à quels types d'accidents cardiovasculaires mène cette mauvaise hygiène de vie. La situation actuelle nourrit

18. Olivier Blanchard et Jean Tirole, « Les grands défis économiques », rapport remis au président de la République, juin 2021.

l'illusion qu'il existerait une priorité accordée à la jeunesse, caractérisée par la première place du budget de l'Éducation nationale dans le budget de l'État. Or, l'approche du « toujours plus de moyens », qui se traduit par des milliards supplémentaires et des créations de postes n'est clairement pas une garantie de résultats. L'augmentation des dépenses ne produit pas mécaniquement d'amélioration si l'organisation de l'enseignement n'est pas revue. C'est donc bien la qualité de l'investissement et du management qui doit l'emporter. Les travaux de deux économistes américains éclairent de façon frappante la distinction entre qualité et quantité en matière éducative[19]. Ils montrent une corrélation forte entre les résultats aux tests Pisa de 50 pays et la croissance moyenne de leur PIB par habitant sur la période 1960-2000. En revanche, pour les mêmes pays, la corrélation est très faible entre croissance moyenne du PIB par habitant et nombre d'années à l'école. En résumé, cela signifie que le lien entre croissance et investissement (caractérisé par le nombre d'années à l'école) est faible, alors que le lien entre croissance et qualité (caractérisé par les résultats aux tests Pisa) est fort. Une année supplémentaire d'école n'apporte pas grand-chose au bien-être économique des nations et des individus. Le seul investissement de long terme est de former des élèves performants. Philippe Aghion, Gilbert Cette et Élie Cohen, qui citent ces travaux, concluent : « Cela montre bien que la qualité de l'investissement en éducation importe au moins autant que le montant des moyens investis, autrement dit que rien ne sert d'investir plus si l'on n'investit pas mieux[20]. »

La reine des priorités est donc d'accroître l'efficacité des ressources consacrées à l'éducation. C'est la condition *sine qua non* pour que les inégalités de départ ne perdurent pas tout au long de la vie. Car c'est bien là, à l'école, que tout commence. Le drame pour certains, c'est que c'est aussi là que tout finit. C'est à l'école que grandit un ressentiment qui mine la cohésion sociale. On ne

19. E. Hanushek, Susanne Link et Ludger Woessmann, « *Does School Autonomy Makes Sense Everywhere ? Panel Estimate from Pisa* », NBER Working Papers, 2011.

20. Philippe Aghion, Gilbert Cette et Élie Cohen, *Changer de modèle*, *op. cit.*

peut pas construire l'avenir sur une culture de l'échec, symbolisée par ces 100 000 enfants qui, tous les ans sortent de l'école sans diplôme. On ne peut pas non plus construire l'avenir sur de la fausse monnaie. En réduisant le niveau d'exigence pour faire du chiffre, on ment à nos enfants. Car on ne les arme pas suffisamment pour aborder en confiance la vie adulte. Et pour beaucoup, la sortie du système scolaire, qu'elle soit maîtrisée ou subie, est un traumatisme, comme si on les lâchait en pleine mer après quelques rudiments de natation.

1.2 – Des universités au bord de l'explosion

« Si ce pays ne règle pas, par un choix raisonné, la croissance de son Université, il subira l'explosion scolaire comme un cataclysme national. » Le philosophe Paul Ricœur lançait ce cri d'alarme en... 1964, alors que la France comptait presque dix fois moins d'étudiants qu'aujourd'hui[21] ! Un demi-siècle plus tard, quand plus d'un jeune sur deux est étudiant entre 18 et 24 ans, la dimension prophétique de son avertissement saute aux yeux.

Embouteillage à tous les étages

Suite logique de la politique des 80 % d'une classe d'âge au niveau du bac, l'accès à l'enseignement supérieur est devenu un droit. Sous le quinquennat de François Hollande, l'objectif d'amener 60 % d'une classe d'âge dans l'enseignement supérieur a été proclamé. Le droit à la poursuite d'études est inscrit au code de l'éducation depuis 2017. En 2020, 11 000 étudiants de licence qui n'avaient pas reçu de réponse positive à leurs demandes d'admission en première année de master ont saisi le recteur de leur académie, qui se trouve dans l'obligation de les caser, que

21. Paul Ricœur, « Faire l'université », *Esprit*, 328/5-6, mai-juin 1964, p. 1162-1172.

leur niveau soit suffisant ou non[22]. Ou comment alimenter une demande sociale impossible à satisfaire. Les effectifs de l'enseignement supérieur ont été multipliés par 9 en 60 ans. Les 310 000 étudiants de 1960, étaient 1,2 million en 1980 et sont désormais 2,7 millions[23], dont 63 % à l'université. Entre 2015 et 2020, 235 000 étudiants supplémentaires sont venus peupler les universités. Cette massification génère des effets bien connus : embolie, éviction, sorties de route. Des amphithéâtres bondés, des étudiants mal orientés qui perdent une ou deux années à trouver leur voie, un sous-encadrement chronique avec des professeurs qui ne peuvent pas accorder l'attention nécessaire à leurs étudiants. Un immense gâchis. Qu'année après année 6 étudiants sur 10 ne passent pas en deuxième année de licence ou que seuls 3 étudiants sur 10 obtiennent leur licence dans les trois années prévues ne semble gêner personne. Pire encore, 1 étudiant sur 5 quitte l'enseignement supérieur sans en être diplômé, soit 75 000 jeunes par an. En cela, l'université est devenue la variable d'ajustement d'un système scolaire lui-même débordé. Car les ressources, elles, ne suivent pas l'explosion de la démographie étudiante.

LA SÉLECTION PAR L'ÉCHEC

Explosion démographique, orientation aléatoire, sélection inexistante et ressources insuffisantes : la promesse de l'université pour tous se heurte au mur de la massification. Soit il faut redimensionner le système universitaire pour l'adapter à la croissance des effectifs, soit il faut réduire le flux à l'entrée, mais le *statu quo* est mortifère. Depuis des décennies, les gouvernements successifs ont jugé le sujet trop sensible pour s'y attaquer. Et pourtant, ce n'est pas rendre service aux jeunes que de laisser perdurer un système qui s'effondre sous son propre poids et conduit chaque

22. Notons qu'en 2018, 30 000 bacheliers n'ont pas eu de proposition dans Parcoursup. Un quart d'entre eux ne « raccrochent » jamais une formation ou un emploi. C'est donc dès le bac que le système se grippe.

23. Dont 1,8 million à l'université (2019).

année à l'échec des dizaines de milliers d'étudiants. Le nœud du problème tient surtout en un mot : sélection. Le tabou de la sélection à l'entrée en université est un non-sens et tant qu'il ne sera pas traité, aucun progrès réel ne sera possible. Cela revient à dire que tout le monde n'est pas fait pour des études universitaires, que l'université n'est pas l'unique débouché pour les bacheliers et qu'on peut trouver l'épanouissement professionnel dans des formations courtes, qu'elles soient techniques ou non. Ce débat est déjà ancien, mais il n'a jamais été tranché. On se souvient des propos de Georges Pompidou, au début des années 1970 :

> Mais il est non moins vrai qu'une sélection est inévitable et que, si l'Université ne l'organise pas, la vie s'en chargera. Ouvrir les portes sans aucun contrôle à des étudiants condamnés soit à l'échec, soit à recueillir des diplômes qui ne conduiront à rien, constitue la pire des solutions et joue automatiquement au profit des enfants de la bourgeoisie. Il faut donc une sélection, mais une sélection positive, qui ne consiste pas à rejeter trop tôt, ni à rejeter vers rien[24].

Des générations de jeunes Français perdent ainsi de précieuses années à tenter de naviguer au milieu de multiples écueils, sans boussole ni manuel de survie. À ne pas choisir entre un système véritablement égalitaire (*la moyenne pour tous*, comme en Finlande) ou massivement élitiste (*l'excellence pour beaucoup*, comme Singapour), on se retrouve avec des slogans aussi creux que trompeurs (« L'excellence pour tous »). Notre système éducatif et universitaire est devenu une machine à sélectionner et à trier par l'échec[25] que les responsables politiques instrumentalisent. L'attention et l'énergie sont détournées vers des débats stériles, comme l'a illustré la polémique sur l'islamo-gauchisme à l'université au printemps 2021. Un système qui institutionnalise son impuissance jusqu'à tirer au sort l'affectation des lycéens dans les filières universitaires ne mérite pas d'être sauvé. Quand l'absurde le dispute au mépris du mérite, l'effondrement n'est pas loin. Pour

24. Georges Pompidou, *Le Nœud gordien*, Paris, Plon, 1974.
25. Pierre Cahuc *et al.*, *La Machine à trier*, *op. cit.*

des millions de jeunes, une autre vie est possible qu'une vie tirée à pile ou face, laissée au hasard de la naissance ou à l'arbitraire d'un algorithme.

Assumer les conséquences du droit à la poursuite d'études

Un seul chiffre permet de prendre la mesure du problème. Depuis 1980, la dépense moyenne par étudiant n'a augmenté que de 34,9 % alors que dans le même temps les effectifs doublaient. Pire, cette dépense moyenne par étudiant a baissé de près de 9 % depuis 2010, à 11 470 euros[26] aujourd'hui contre 12 500 euros il y a dix ans. Ce niveau se situe dans la moyenne de l'OCDE, mais en dessous de l'Allemagne, de la Belgique ou du Japon. Sur la période récente, la comparaison internationale est cruelle. Pour l'ensemble des pays de l'OCDE, la dépense moyenne par étudiant s'est accrue de 8 % entre 2010 et 2016. En France, elle a baissé de 5 % sur la même période, les dépenses d'éducation augmentant moins vite que les effectifs. Cet effet de ciseau n'est pas une fatalité, mais un choix politique. En Norvège, la dépense par étudiant a augmenté de 20 % car la forte hausse des effectifs (+ 18 %) s'est accompagnée d'une augmentation encore plus massive de la dépense d'éducation (+ 41 %). Ce niveau de dépense par étudiant a une utilité bien précise : il détermine assez largement le taux d'encadrement. De 35 enseignants-chercheurs titulaires pour 1 000 étudiants en 2010, ce taux est passé à 31 en 2018. Chaque filière a des besoins différents mais la nécessité de recruter les enseignants dont dépend la réussite d'étudiants laissés à eux-mêmes fait peu de doutes. La France consacre 1,5 % de son PIB à l'enseignement supérieur. Une augmentation à 2 % représenterait 10 milliards d'euros supplémentaires. À comparer avec la somme équivalente débloquée dans la précipitation au moment de la crise des Gilets jaunes à l'automne 2019. Le budget de l'État n'étant pas extensible à l'infini, la solution la plus évidente

26. Soit un niveau comparable à la dépense moyenne par lycéen.

consiste à ne plus faire reposer 80 % du budget de l'université sur les seules finances publiques, comme c'est le cas aujourd'hui. En clair, il ne faut plus considérer la quasi-gratuité des études supérieures à l'université (200 euros par an en licence) comme intangible. Une participation financière des étudiants et de leurs familles à proportion de leurs ressources est nécessaire, couplée à des bourses substantielles pour les étudiants qui ne peuvent pas subvenir à leurs frais[27], les dépenses liées à ces bourses étant trois fois inférieures à la moyenne de l'OCDE. De même, il convient de favoriser le financement de cursus universitaires par les entreprises, comme cela est déjà le cas pour certaines chaires de recherche, mais rarement pour les premiers cycles universitaires. À cet égard, il faut espérer que l'expérience malheureuse de BNP Paribas, dont le financement de 8 millions d'euros sur 5 ans d'une licence en développement durable au sein de l'université PSL (Paris sciences et lettres) a été attaqué sous prétexte de *greenwashing*, ne refroidira pas les ardeurs[28].

Le temps du discernement

L'orientation déficiente des élèves est une faiblesse ancienne de notre système éducatif, malgré de remarquables initiatives portées par des professeurs, des parents d'élèves ou des associations. La plateforme Parcoursup, sur laquelle les élèves de terminale s'inscrivent pour la suite de leurs études, permet de mieux renseigner les lycéens sur la nature des formations, les qualités attendues des étudiants, les débouchés. Il était temps, et il faudra en évaluer

---

27. Voir à cet égard les propositions de l'institut Montaigne (*Enseignement supérieur et recherche. Il est temps d'agir !*, avril 2021) qui plaide en faveur d'une augmentation des frais annuels d'inscription à 900 euros en licence et 1 200 euros en master (au lieu de respectivement 170 euros et 243 euros à l'heure actuelle), couplée à des prêts étudiants dont le remboursement se déclenche à partir de 1 500 euros de revenus nets mensuels.

28. « Une licence universitaire sponsorisée par BNP Paribas fait polémique », *Les Échos*, 1er mars 2019.

l'effet dans quelques années. Il importe aussi de rendre transparentes les conséquences des choix, en publiant les niveaux de rémunération à la sortie de formation ou le taux d'emploi six mois après la fin de formation. Il faut par ailleurs favoriser le processus de discernement chez les étudiants, à qui l'on demande de se spécialiser trop tôt dans des études avec lesquelles ils n'ont jamais eu le moindre contact pendant leurs années de lycée (de la psychologie au droit en passant par l'architecture, les exemples sont nombreux). Il est frappant de constater que les premiers pas sur le marché du travail reproduisent le phénomène d'instabilité observé au cours des premières années d'études supérieures. La part des CDI rompus avant un an est particulièrement élevée chez les jeunes de 15 à 24 ans : à 46 %, c'est près d'un contrat sur deux qui prend fin au bout de quelques mois, soit 10 points de plus que toutes les autres catégories d'âge. Près d'un quart d'entre eux démissionnent, là aussi plus massivement que leurs aînés[29]. La ritournelle de l'âge mûr est connue : ces jeunes ne savent pas ce qu'ils veulent ! Mais la jeunesse n'est pas un état statique. C'est par nature l'âge des expérimentations, qui, par des phases de décantation, permet de passer de l'adolescence à l'âge adulte. Il faut donc un sas permettant aux jeunes de s'ouvrir à différentes options au lieu de les pousser précocement à faire un choix définitif, avec un effet couperet souvent angoissant. Tester, se tromper, changer de voie, recommencer. En d'autres termes, il faut accepter une jeunesse beckettienne : « Déjà essayé. Déjà échoué. Peu importe. Essaie encore. Échoue encore. Échoue mieux[30]. » Cela plaide, par exemple, pour l'instauration d'une année de discernement post-bac, comme dans le système universitaire anglo-saxon, où le choix de la discipline « majeure » ne se fait qu'en fin de première année ou au début de la seconde année d'université.

---

29. 16 % des 25-34 ans démissionnent avant le premier anniversaire de leur CDI, contre 13 % parmi les classes d'âge supérieur.

30. Samuel Beckett, *Cap au pire*, Paris, Minuit, 1991.

Rendez-vous en 2142

L'idéologie de l'égalité formelle renforce de fait les inégalités et la reproduction sociale, les meilleurs élèves fuyant l'université pour se réfugier dans les filières sélectives (classes préparatoires et grandes écoles) ou à l'étranger. La conséquence la plus déprimante de ce système qui refuse avec une triste constance de faire des choix est donc la persistance du pire des deux mondes : l'échec de masse et l'inégalité. Le constat est sans appel : la France est l'un des pays développés les plus figés socialement[31], un pays dans lequel les destins individuels se fixent très précocement. Il y faut plus de 6 générations en moyenne pour passer du premier au cinquième décile contre 4,5 générations en moyenne dans l'OCDE[32], soit plus d'un siècle pour progresser du bas au milieu de l'échelle sociale ! Seule la Hongrie est plus déterministe que la France, avec 7 générations, un gouffre infranchissable en l'espace d'une vie. Sauf exception, un grand-père ouvrier ne verra aucun de ses petits-enfants accéder à la classe moyenne. Comment expliquer aujourd'hui à un collégien issu d'une famille modeste de Vierzon, de Gonesse ou de Toul qu'en 2142, avec un peu de chance, ses lointains descendants auront peut-être un sort meilleur que ses parents[33] ? Avec un marché du travail qui amplifie les inégalités entre diplômés et non diplômés, comment ne pas voir l'immense ressentiment qui jaillira un jour du chaudron scolaire et universitaire ?

---

31. Les études de l'OCDE confirment, s'il en était besoin, cette réalité : la France est le pays de l'OCDE où les résultats scolaires sont le plus fortement corrélés à la catégorie socioprofessionnelle des parents : 22,5 % contre 15 % en moyenne dans les autres pays.

32. Laurence Boone et Antoine Goujard, « La France, les inégalités et l'ascenseur social », note de l'OCDE, février 2019.

33. Une étude de l'Insee publiée en 2022 indique que parmi les jeunes issus des familles les 20 % les plus modestes, 12 % ont rejoint à l'âge de 28 ans les 20 % les plus aisés de leur classe d'âge. Certains commentateurs en ont déduit un peu rapidement que la mobilité sociale en France fonctionnait toujours, ce que la modestie de la proportion des jeunes concernées (12 %) et la largeur de la tranche de revenus (entre les 20 % et les 1 % les plus aisés la marge s'étend de 35 000 euros de revenus annuels à plusieurs millions d'euros) ne permettent pas de conclure.

1.3 – Emploi des jeunes : la bombe à retardement

La reprise économique de 2021 a été une divine surprise : la croissance en hausse de 6 % a permis d'abaisser le chômage à 8 %, un niveau inédit depuis quinze ans. Grâce à des mesures de soutien massives, le chômage des jeunes a reculé pour s'établir à 15,9 %, un étiage jamais atteint depuis 1981. Il faut évidemment se réjouir de ces bonnes nouvelles. Mais c'est oublier un peu vite la persistance des raisons structurelles qui font que sur le long terme, les jeunes restent largement plus exposés que le reste de la population au risque de chômage.

Dans la société du plein-emploi de 1970, le chômage n'était pas la voie d'accès naturelle au marché du travail. Le salaire d'embauche d'un jeune était assez proche de celui d'un ancien. Il pouvait choisir son patron et son entreprise et construisait ainsi sa mobilité sociale dans une logique de progrès générationnel qui semblait aller de soi. La crise pétrolière de 1973 a mis à mal ce monde. Depuis 1977, environ 90 dispositifs d'aide à l'emploi ont été mis en œuvre en direction des jeunes. L'emploi des jeunes est une priorité pour tant de gouvernements depuis si longtemps qu'on se demande comment un ministre peut encore oser affirmer que c'est une priorité. C'est *le* domaine sur lequel les choix politiques pèsent le plus lourdement sur le destin des jeunes. Et pourtant les jeunes sont ceux qui pâtissent le plus des dysfonctionnements du marché du travail.

Le sur-chômage des jeunes : une spécificité française

Un bref tour d'horizon suffit à montrer l'ancienneté du problème et la spécificité de la situation des jeunes, dans un pays où le taux de chômage général n'est jamais descendu en dessous de 7 % depuis 1983, même en période de croissance économique. En quarante ans, le taux de chômage des jeunes actifs de moins de 25 ans a plus que doublé, passant de 11 % en 1980 à 24 % en 2017, avant de redescendre autour de 21 % en 2019, contre

8 % pour l'ensemble de la population. L'âge moyen d'accès à un premier emploi stable est passé de 20 ans en 1975 à 27 ans en 2019. Chaque année, environ 600 000 jeunes entrent sur le marché du travail, et rejoignent les rangs des 3 millions de jeunes actifs de moins de 25 ans, soit à peu près 10 % de la population active. Ils subissent à la fois un fort taux de chômage et une grande sensibilité à la conjoncture économique, puisqu'un tiers d'entre eux sont titulaires de contrats courts, intérim ou CDD. Ce sont bien sûr ces contrats qui, les premiers, ne sont pas renouvelés en cas de difficultés économiques. Les nouveaux entrants sur le marché du travail représentent à peu près 3 % de la population active tous les ans. Ne pas renouveler les contrats courts et arrêter les embauches est donc la façon la plus simple de réduire la masse salariale.

Pour avoir une vision juste de la situation, il faut prendre en compte la forte proportion de jeunes en études ou en apprentissage, qui représentent près de la moitié des 18-24 ans. L'autre moitié se répartit en trois parts à peu près égales, entre CDI, contrats courts et chômage. Pour tenir compte de la forte inactivité des jeunes, l'indicateur le plus pertinent est donc la part des jeunes au chômage, c'est-à-dire le rapport entre le nombre de chômeurs et la population totale des 18-24 ans. Avec ces paramètres à l'esprit, on pourrait se dire que la situation des jeunes Français n'a pas de raisons d'être sensiblement différente de celle de leurs pairs européens, qui, eux aussi, poursuivent des études. Or on constate qu'à 14 % sur la période 2015-2020, la part des jeunes Français au chômage a été en moyenne deux à trois points au-dessus de la moyenne de l'Union européenne[34]. La comparaison avec l'Allemagne est cruelle : quand la France est à 20,7 % en 2019, l'Allemagne est à 5,8 %. Et jusqu'à 29 ans, il reste une différence d'un à deux points en défaveur des jeunes Français par rapport à la population générale. Il existe donc bien une spécificité française du chômage des jeunes, avec une forte instabilité et

34. Une autre façon de mesurer la différence entre la France et des pays comparables consiste à observer l'écart entre le taux de chômage des jeunes et celui des adultes : un ratio de 1,5 en Allemagne, Suisse, Pays-Bas, Canada, États-Unis contre 3 en France.

un sur-chômage qui perdure une dizaine d'années après l'entrée sur le marché du travail.

La comparaison des taux d'emploi entre 1995 et 2012 entre la France et trois groupes de pays de référence (pays scandinaves, rhénans et anglo-saxons) est éloquente[35]. Premier enseignement, la France se distingue par un taux d'emploi particulièrement faible pour deux groupes d'âge : les jeunes (15-24 ans) et les seniors (55-64 ans). Mais alors que le taux d'emploi des seniors a gagné près de 15 points depuis les années 2000, passant de 30 à 45 %, celui des jeunes a stagné à un niveau médiocre, entre 25 et 30 %. Et l'écart pour les jeunes est considérable, de l'ordre de 15 à 20 points, avec les trois groupes de référence. L'un des facteurs d'explication est lié au cumul, dans ces pays, d'un emploi à temps partiel avec la poursuite d'études. La relative rareté de cette pratique parmi les étudiants français freine leur insertion sur le marché du travail. Une incitation au cumul études-travail pourrait être imaginée, par l'adaptation des horaires de cours et des exonérations de charges pour les employeurs et les étudiants. Mais, avec 20 à 30 % d'une classe d'âge, les étudiants sont loin de représenter l'ensemble d'une génération. Il faut donc rechercher ailleurs les raisons profondes de ce fossé entre les jeunes Français et leurs pairs européens.

UN MARCHÉ DU TRAVAIL PEU FAVORABLE AUX NOUVEAUX ENTRANTS

Il y a quelques années Pierre Cahuc et ses coauteurs pointaient les quatre facteurs structurels qui expliquent que le marché du travail, au lieu de corriger les failles et les inégalités du système éducatif, les amplifie : la dualité entre contrats stables et contrats instables, c'est-à-dire entre les CDI, qui représentent 85 % de l'emploi (le « stock »), et les CDD, qui représentent 90 % des embauches (le « flux ») ; la faillite de la formation professionnelle, dont bénéficient ceux qui en ont le moins besoin ; la faiblesse de

35. Philippe Aghion, Gilbert Cette et Élie Cohen, *Changer de modèle, op. cit.*

l'accompagnement ; le culte des emplois aidés. Ces causes fondamentales restent en grande partie d'actualité, même s'il faut reconnaître des avancées, en particulier avec la réforme de la formation professionnelle mise en œuvre depuis 2019. Il est encore trop tôt pour en constater les effets sur la formation des moins qualifiés, mais la réduction du nombre d'organismes intermédiaires inutiles principalement dédiés au financement du paritarisme a été salutaire, de même que l'agrément plus sélectif des organismes de formation. Enfin, et même si beaucoup reste à faire pour que les bénéficiaires prennent conscience des possibilités de formation dont ils disposent, la création du compte personnel de formation, qui permet au salarié d'utiliser ses droits à formation à son gré, a considérablement amélioré le système.

Le dualisme du marché du travail reste le facteur le plus bloquant. Le marché du travail français est très segmenté, et concentre l'essentiel de la flexibilité sur les nouveaux entrants, dont les jeunes représentent la plus grande part. La raison en est connue depuis longtemps. Les *insiders*, qui bénéficient de contrats de travail protecteurs (CDI), bloquent l'entrée aux *outsiders*, majoritairement des jeunes, des chômeurs et des peu qualifiés. Faute de mieux, ces derniers se voient offrir des contrats courts, qui les projettent dans un océan d'instabilité. La probabilité de perdre son emploi dans les douze mois pour un salarié en CDI est de 2 %. Cette probabilité passe à 13 % pour un CDD et 22 % pour un contrat d'intérim (hors fin programmée). L'évolution des salaires reflète le poids de l'ancienneté : après 45 ans, le salaire moyen augmente plus vite en France que dans la moyenne des pays de l'OCDE, ce qui est le signe de l'absence de concurrence entre les jeunes entrants et les salariés les plus anciens. C'est un choix de société ancien, qui, il y a presque trente ans, a été qualifié de préférence française pour le chômage[36], et dont la grille de lecture est toujours d'actualité : le haut niveau de protection des salariés en place est assuré au prix d'un haut niveau de chômage pour les autres et d'un niveau record de prélèvements obligatoires pour financer ce

36. Denis Olivennes, *Le Débat*, numéro 82, *La Préférence française pour le chômage*, 1994.

système qui dévore ses propres enfants. En attendant, la file de ceux qui font la queue à l'entrée s'allonge.

Depuis les années 1990, l'emploi stable a reculé : 40 % des jeunes en emploi sont en CDD, intérim, stage ou contrats aidés, trois fois plus souvent qu'il y a trente ans. Obtenir un emploi en CDD ne serait pas dramatique si ce n'était qu'un passage, un tremplin vers un emploi plus stable. Mais c'est malheureusement de moins en moins le cas. Le taux de conversion d'un CDD en CDI était de 1 sur 2 en 1982. Il n'était plus que de 1 sur 5 en 2016 contre 2 sur 5 chez nos voisins européens. Les jeunes vivent donc une situation de double peine. Non seulement ils héritent des miettes que les *insiders* veulent bien leur laisser, mais en plus, mettre un pied dans le système n'est en rien une garantie d'accéder à l'emploi stable. Le CDD a une bonne chance de les entraîner vers un autre CDD ou… vers le chômage. Cette situation a toutes les allures d'une malédiction générationnelle, puisque la position socioprofessionnelle atteinte à 30 ans détermine en grande partie la trajectoire future. La solution ne réside ni dans la taxation des contrats courts, ni dans le contrat de travail unique, fausses bonnes idées qui reviennent régulièrement dans le débat public. Beaucoup d'entreprises ont besoin de flexibilité, avec une main-d'œuvre mobilisée pour peu de temps ou sur des projets ponctuels. L'événementiel, le BTP, la restauration ou l'industrie n'embauchent pas des CDD ou des intérimaires par perversion contractuelle, mais parce que leur modèle économique l'impose. Il faut donc regarder ailleurs, du côté des *insiders*, dont la protection est de toute évidence excessive. Au Danemark, où la rupture des CDI est plus simple, la part de contrats courts pour les jeunes et le taux de chômage sont deux à trois fois plus faibles qu'en France. Ce chantier aurait pu être engagé en période d'euphorie économique et de chômage bas, comme en 1998-2000. Au lieu de cela, le gouvernement de l'époque a œuvré avec obstination à la réduction du temps de travail et a financé la création de coûteux emplois aidés dans le secteur public d'État et les collectivités. Couplés à l'empilement des dispositifs d'aide et à la complexité administrative de leur fonctionnement, ces emplois, comme les études l'ont montré, n'ont permis que marginalement à leurs bénéficiaires de modifier leur trajectoire professionnelle, les employeurs privés considérant un candidat sortant de ce type de dispositif avec suspicion. La quasi-extinction des emplois aidés depuis 2017 est heureusement venue tempérer ce palliatif paresseux autant qu'inefficace – exception faite de leur retour temporaire pour soutenir l'emploi en période pandémique.

Bien sûr, tous les jeunes ne sont pas égaux devant le chômage. Pour simplifier, on peut distinguer trois populations, qui se partagent en parts à peu près égales. D'abord les non-diplômés et peu qualifiés, dont les chances d'insertion sont faibles. Leur situation est en général durablement difficile. Elle se caractérise par une alternance de périodes prolongées de chômage et d'emplois précaires faiblement rémunérés. Ensuite, les diplômés de formations professionnelles ou techniques courtes, jusqu'au niveau bac + 3, qui connaissent une insertion sur le marché de l'emploi généralement satisfaisante – en particulier dans les secteurs industriels en déficit chronique de candidats – malgré des périodes courtes de chômage. Ils sont en général bien armés pour affronter le marché du travail, grâce à l'alternance et à l'apprentissage dont les vertus pour appréhender le monde de l'entreprise ne sont plus à démontrer. Enfin, les diplômés de l'enseignement universitaire long (master et au-delà) bénéficient d'un taux de chômage faible, avec des CDI mais sur des emplois qui ne correspondent pas toujours au niveau de diplôme obtenu. Les deux populations de part et d'autre du spectre méritent que l'on s'arrête quelques instants sur leur sort.

JEUNES SANS DIPLÔMES NI QUALIFICATIONS : LE MALHEUR FRANÇAIS

Pour les moins diplômés, les opportunités de mobilité sociale se dégradent par rapport aux décennies précédentes : en 1970, un jeune de 25 ans avec un baccalauréat avait 60 % de chances de devenir cadre ou profession intermédiaire ; en 2005, ce même jeune n'avait que 20 % de chances[37]. Les jeunes non diplômés

---

37. Louis Chauvel, *Le Destin des générations*, *op. cit.*

connaissent un taux de chômage deux à trois fois supérieur aux jeunes diplômés de l'enseignement secondaire, et près de six fois supérieur à celui des jeunes diplômés du supérieur. Quand on analyse le taux de chômage par tranche d'âge et niveau de diplôme, c'est en réalité davantage le niveau de diplôme que l'âge qui explique la surexposition au chômage. Le taux de chômage de ceux qui n'ont pas atteint le niveau du bac, du CAP ou du BEP est de 25 %, contre 14 % pour la moyenne des pays de l'OCDE. Une autre façon de saisir cette surreprésentation des non-diplômés parmi les chômeurs consiste à voir que sur les sept premières années de vie active, les non-diplômés passent 28 % de leur temps au chômage. Et pourtant, l'âge moyen d'insertion dans la vie professionnelle est à peu près le même, que l'on ait poursuivi des études supérieures ou non : 24 ans. C'est dire les années de galère que les non-diplômés subissent avant de connaître, pour la plupart, une succession d'emplois précaires. Être jeune *et* non diplômé, voilà la recette du malheur français.

En 2010, la Commission européenne a créé un indicateur pour quantifier le nombre de jeunes qui passaient jusqu'alors sous les écrans radar : les Neet (*neither in employment, education or training*). En clair, tous les jeunes entre 15 et 29 ans qui sont en voie de désocialisation, n'étant ni à l'école, ni en formation, ni en emploi. Ce sont eux les vrais perdants de la paresse réformatrice des gouvernements qui se sont succédé depuis les années 1980. La France connaît structurellement un taux de Neet très élevé[38]. En 2013, le gouvernement s'est fixé l'objectif ambitieux de diviser par deux ce taux, qui était à l'époque à 17 %. Cela n'a jamais été le cas. Après avoir diminué, les Neet sont remontés à 13,5 % en 2020, sous l'effet de la crise sanitaire. C'est presque le double de l'Allemagne, où ces jeunes représentent moins de 8 % de leur classe d'âge. Derrière ce pourcentage abstrait, il y a une réalité : plus de 1,6 million de jeunes en déshérence, soit l'équivalent de la population de Marseille, Lyon et Nantes réunis. Ce sont plus souvent des jeunes

38. La catégorie des NEETS ne désigne cependant pas une réalité parfaitement homogène : les jeunes en congé parental, année sabbatique… y entrent aussi.

entre 25 et 29 ans qui ont terminé leurs études et ne sont pas en emploi : un jeune sur cinq dans cette tranche d'âge est Neet. Et ce sont des jeunes qui cumulent les handicaps : problèmes de mobilité géographique, santé fragile, précarité des conditions de vie, difficultés de logement, et, contrairement aux idées reçues, faible maîtrise du numérique. Cette situation est amplifiée par l'origine géographique et sociale des parents : un quart des jeunes de 18 à 24 ans issus de l'immigration et un quart des jeunes vivant en zone rurale sont des Neet. Parmi eux, près de la moitié (47 %) sont au chômage. Encore plus inquiétant : on estime qu'environ 35 % des Neet sont « perdus de vue » : 400 000 à 500 000 jeunes invisibles ne bénéficient d'aucun dispositif de suivi et d'insertion.

C'est principalement au profit de ces Neet que la France dépense 10 milliards d'euros par an dans de multiples programmes en faveur de l'insertion des jeunes, des dispositifs régulièrement dénoncés comme trop nombreux et mal articulés, comme le souligne la Cour des comptes dans son rapport annuel 2021 : Pôle emploi, les 450 missions locales, les régions, des associations subventionnées, le Service civique, l'Apec (Association pour l'emploi des cadres), les écoles de la deuxième chance… tentent tant bien que mal de se coordonner et de gérer les programmes lancés par les gouvernements successifs, qui souvent s'ajoutent aux précédents sans s'y substituer. Avec un ciblage peu précis des jeunes accompagnés et des obligations peu contraignantes pour les bénéficiaires, les résultats sont assez ténus. Le taux d'emploi du dispositif régulièrement loué pour son efficacité, la Garantie jeunes, est passé de 28,7 % en 2015 à 23,9 % en 2019, un mois après la sortie du programme[39].

Un système qui produit chaque année autant de jeunes en apesanteur ne bâtit pas l'avenir d'un pays mais fait gonfler un torrent de frustrations. Une partie considérable de ces jeunes ne parvient pas à se stabiliser dans l'emploi après 29 ans. C'est donc avant que tout se joue. Parce que l'école est une machine à sélectionner par l'échec et que l'absence de diplôme est devenue un

39. Cour des comptes, « L'insertion des jeunes sur le marché du travail », rapport annuel 2021.

handicap insurmontable pour trouver un emploi stable, il n'y a pas d'alternative pour ces jeunes. Il faut à la fois leur apprendre un métier, avec des formations professionnalisantes courtes et les accompagner sur le marché du travail. De remarquables initiatives privées comme *Cuisine mode d'emploi(s)* du chef cuisinier Thierry Marx montrent qu'il est possible de redonner le goût d'apprendre à des jeunes et moins jeunes, pour autant qu'on soit capable de fixer des perspectives et des règles du jeu claires[40]. D'autant plus que le coût du travail peu qualifié, après avoir longtemps été un frein à l'emploi, n'est plus une source de blocage et que 80 % des emplois salariés occupés par des jeunes sont concernés par des exonérations de charges[41].

L'accompagnement à la recherche d'emploi est aussi indispensable que la formation, en particulier pour le premier emploi. Des jeunes qui ont quitté le système scolaire ou universitaire sans diplôme n'ont de toute évidence pas le capital social ou culturel suffisant pour affronter seuls les subtilités d'un processus par nature compétitif, où le savoir-être compte autant que le savoir-faire. L'importance croissante des compétences comportementales dans les critères de recrutement n'est plus à démontrer. Ces *soft skills* (rigueur, flexibilité, curiosité intellectuelle, capacités relationnelles…), que l'on a peu l'occasion de développer hors du grand bain du monde du travail, peuvent heureusement s'acquérir. Pour les jeunes désocialisés, il faut investir dans un coaching personnalisé, avec une obligation de formation qui se déclenche dès le troisième mois de chômage comme au Danemark. En Grande-Bretagne, au sixième mois de recherche infructueuse, les jeunes de moins de 25 ans doivent participer à des programmes

---

40. Cursus de formation assuré par des chefs expérimentés, dans 29 villes dont 19 sites itinérants. Les candidats sont formés aux métiers de la restauration, de la boulangerie, des produits de la mer et du service en salle, secteurs structurellement créateurs d'emplois. Au bout de 11 semaines de formation, 90 % des stagiaires trouvent un emploi.

41. Avec les baisses de charges successives depuis 2014, la part patronale des cotisations sociales au niveau du Smic est à présent de 1 178 euros par an, contre près de 3 500 euros en Allemagne et 3 200 euros en Belgique. Source : Dares-France Stratégie, « L'insertion professionnelle des jeunes », janvier 2017.

d'accompagnement à la recherche d'emploi, à une formation ou à un stage sous peine de perdre leurs indemnisations. Des mentors, actifs ou retraités issus du monde professionnels, doivent pouvoir être mobilisés de façon bien plus massive qu'à l'heure actuelle pour s'impliquer dans cette mission de salut public quelques heures par mois, avec le soutien de leurs organisations et des pouvoirs publics.

Comme le montrent Pierre Cahuc et ses coauteurs : « En France le diplôme n'est pas conçu comme un investissement en capital humain qui permet de mieux se vendre sur le marché du travail (conception anglo-saxonne). C'est un titre, l'équivalent d'un titre de noblesse, qui confère des droits et ouvre l'accès à une place donnée dans la hiérarchie[42]. » Diminuer le poids du diplôme est une transformation culturelle de longue haleine qui peut sembler paradoxale à l'heure de l'économie de la connaissance, dans laquelle la formation des travailleurs est la mère de toutes les batailles. Mais il faut distinguer diplôme et qualification, et insister sur la primauté de cette dernière. Si le diplôme est souvent le signal de la qualification, il n'en est pas une garantie. Pour intégrer les jeunes au marché du travail, il faut casser les rigidités contractuelles et investir massivement dans l'éducation, qui est une condition *sine qua non* de l'acquisition de compétences professionnelles.

JEUNES DIPLÔMÉS : LES DÉGÂTS DU MASTER POUR TOUS

Longtemps, le diplôme a été une assurance tous risques contre le chômage. Cela reste vrai : le taux de chômage des jeunes diplômés bac + 5 est comparable au taux de chômage général et, dix ans après l'obtention de leur diplôme, ces jeunes connaissent le taux de chômage des cadres, qui est deux fois inférieur au taux de chômage général. Mais le sujet n'est pas tant le chômage que la dégradation de la qualité des emplois occupés. Les nouvelles générations sont de plus en plus diplômées. Dans les pays de

42. Pierre Cahuc *et al.*, *La Machine à trier*, *op. cit.*

l'OCDE, 44 % des 25-34 ans étaient diplômés de l'enseignement supérieur en 2017, contre 26 % des 55-64 ans. Mais pour autant, l'appariement entre offre et demande de travail ne fonctionne pas de façon optimale[43]. D'une part, le système de formation s'adapte trop lentement aux besoins des employeurs, qui n'ont pas forcément besoin de jeunes plus diplômés mais de jeunes plus qualifiés. D'autre part, la structure sociale des emplois évolue moins vite que la hausse du nombre de diplômés : il n'y a tout simplement pas assez de postes pour le volume de jeunes diplômés.

Le « master pour tous » est en train de produire les mêmes dégâts que le « bac pour tous »[44]. Entre 2001 et 2011, le nombre de masters universitaires a doublé. Environ 130 000 diplômes de masters sont délivrés chaque année. À peu près 20 % d'une génération est aujourd'hui titulaire d'un diplôme de niveau bac + 5[45]. L'inflation des diplômes conduit mécaniquement à leur dévalorisation sur un marché du travail qui ne peut absorber autant de jeunes diplômés. Et ce phénomène augmente avec la massification des études. 17 % des jeunes diplômés en 2010 exerçaient cinq ans plus tard un emploi en dessous de leur qualification contre 11 % pour la génération sortie d'école en 1992[46]. Plus le diplôme est élevé, plus le phénomène s'accroît : on estime que 30 % des bac + 5 sont contraints d'accepter un poste en dessous de leur niveau de qualification. La probabilité d'accéder à un emploi de cadre pour un diplômé de l'enseignement supérieur long a globalement diminué depuis 35 ans, mais beaucoup plus pour les enfants d'ouvriers et d'employés que de cadres[47]. La mobilité sociale est donc bien en panne, en dépit de la course au diplôme. Ce phénomène alimente le ressentiment d'étudiants que l'on a incités à poursuivre

---

43. Pour la population active générale, avec un taux de chômage début 2022 à 7,5 %, plus de 264 000 postes ne trouvent pas preneur.

44. Julien Gonzalez, « Enseignement supérieur : les limites de la mastérisation », note de la Fondapol, 2015.

45. Voir à ce sujet la passionnante enquête de Monique Dagnaud et Jean-Laurent Cassely, *Génération surdiplômée*, Paris, Odile Jacob, 2021.

46. Thomas Couppie *et al.*, *Céreq Essentiels*, 2018. Centre d'études et de recherches sur les qualifications.

47. Camille Peugny, *Pour une politique de la jeunesse*, Paris, Seuil, 2022.

leurs études le plus loin possible. La mastérisation à tout-va est en train de créer une génération surdiplômée et sous-employée. Par ailleurs, c'est toute la chaîne des jeunes diplômés qui pâtit de ce phénomène : les titulaires de master occupant des postes de bac + 3, ces derniers voient à leur tour les offres d'emploi à leur portée diminuer. Comment ne pas ressentir une immense frustration, après trois ou cinq années d'études ? Être obligé d'accepter un emploi qui ne correspond pas à ses attentes salariales ou à sa qualification est doublement pénalisant. À court terme, puisque l'investissement dans les études et l'effort individuel d'apprentissage ne sont pas payés de retour. À plus long terme, parce que les travaux de recherche montrent qu'une première expérience professionnelle ratée aura des conséquences sur l'ensemble de la carrière en termes de progression salariale et de niveau de responsabilités futures.

Alors que faire des déclassés de l'enseignement supérieur ? En amont, on en revient aux fondamentaux : une sélection assumée et transparente à l'entrée dans les cycles universitaires couplée à une orientation plus efficace et plus précoce vers les secteurs en manque structurel de main-d'œuvre. Avec à la clé la question qui fâche : vaut-il mieux former en deux ou trois ans un technicien supérieur en robotique industrielle qui sera embauché dès la fin de son apprentissage ou former en cinq ans un master 2 en médiation culturelle qui alternera jobs alimentaires et périodes de chômage ? Il ne s'agit pas de caricaturer, mais de constater et de prendre des mesures de bon sens. Par exemple, en augmentant massivement les places en licence professionnelle[48] pour former les bacheliers professionnels ou technologiques qui, parce qu'ils ne trouvent pas de place en BTS ou IUT – où les bacheliers généraux leur sont préférés en dépit de toute logique –, postulent à l'université. Ils s'en font massivement éjecter, faute d'avoir correctement évalué le fossé qui sépare leur formation secondaire d'un cursus

48. La licence professionnelle présente l'avantage d'être conçue pour favoriser l'apprentissage d'une expertise, avec une part importante de l'enseignement délivrée par des professionnels, ainsi que des stages ou de l'alternance en entreprise.

universitaire classique. En aval, il n'est pas interdit de se tromper, si on peut corriger le tir, c'est-à-dire se re-former rapidement à des métiers porteurs. Les journaux font régulièrement le portrait de jeunes diplômés de grandes écoles ou de titulaires de masters en quête de sens et d'activités plus concrètes, qui décident de se réorienter vers des métiers manuels, qu'ils soient techniques ou artisanaux. La plomberie, l'ébénisterie ou la boulangerie attirent encore, et c'est heureux. Il faut encourager les reconversions précoces, sans qu'il soit besoin d'attendre des années pour confirmer une impasse professionnelle[49]. On pourrait imaginer des parcours spécifiques de reconversion pour de jeunes diplômés bloqués dans des voies sans issue mais qui ont montré par leurs études qu'ils étaient capables d'apprendre vite et bien. Un apprentissage « flash », avec des cursus courts et adaptés, du tutorat par des professionnels du secteur et un soutien financier peuvent faire la différence. Les grands brûlés de la mastérisation pourraient ainsi acquérir des compétences professionnelles et apprendre un métier sans pour autant devoir repasser par toutes les étapes scolaires de la formation initiale.

1.4 – Logement : la course folle

Le logement est le domaine qui illustre jusqu'à la caricature les inégalités intergénérationnelles dont les jeunes sont victimes. Traditionnellement, l'entrée dans l'âge adulte est symbolisée par l'accès à un emploi stable, à un logement autonome et à la fondation d'une famille. Près des deux tiers des jeunes de moins de 25 ans sortis du système éducatif vivent chez leurs parents. Pour les autres, la part des revenus consacrée aux dépenses de logement est en moyenne plus élevée que pour le reste de la population, pour laquelle les dépenses liées au logement représentent

49. Les statistiques confirment cette tendance : la part de jeunes qui reprennent les études dans les sept ans qui suivent leur premier emploi est passée de 14 % en 1998 à 23 % en 2010. Source : Céreq (Centre d'études et de recherches sur les qualifications), 2020.

déjà 28,5 % de leurs revenus, loin devant l'alimentation (20 %) et les transports (12 %). Il existe seulement 175 000 logements Crous (les Centres régionaux des œuvres universitaires et scolaires, qui gèrent le logement et la restauration des étudiants) pour 2,7 millions d'étudiants – dont un tiers vivent chez leurs parents. Les jeunes ont de moins en moins accès au logement social, dans lequel la rotation des appartements est faible, de l'ordre de 6 à 7 % par an, et la demande pléthorique, 70 % de la population française étant éligible. On peut ajouter au tableau la politique foncière malthusienne de beaucoup de maires, qui restreignent la délivrance de permis de construire, tendance renforcée par une réglementation environnementale visant à la zéro artificialisation nette. En 2020, le nombre de permis de construire a baissé de 14,7 %, soit près de 66 000 logements en moins par rapport à 2019, et les mises en chantier sont passées de 500 000 en 2007 à 375 000 en 2020. Cette même année, à Paris, seuls 201 logements neufs ont été mis en vente.

L'accès des jeunes au logement, qui dépend évidemment de la régularité et du niveau de leurs revenus, est rendu doublement complexe ces dernières années, d'une part par l'accès à l'emploi, dont on vient de voir les difficultés, d'autre part par la hausse continue des prix, accentuée par la politique monétaire expansionniste de la BCE (Banque centrale européenne), qui, avec les milliards d'euros déversés sur l'économie et sa politique de taux bas, a rendu encore plus difficile l'accès des jeunes au logement en alimentant la hausse de la valeur des actifs immobiliers. La France est ainsi l'un des pays de l'OCDE où la hausse des prix a été la plus forte en vingt ans. Ainsi, entre 2000 et 2021, le prix du mètre carré a augmenté de 358 % à Bordeaux, qui détient le record de croissance des grandes villes françaises ! Depuis 2010, des villes comme Paris ou Lyon ont vu les loyers augmenter de 60 % à 80 %, avec un prix atteignant 10 700 euros par mètre carré à Paris en 2020. Les jeunes qui font leurs études dans ces villes universitaires, après avoir eu du mal à s'y loger en tant qu'étudiants, auront encore des difficultés avec un salaire de jeune professionnel. Cette valeur déconnectée de toute réalité détourne les investissements de l'économie productive. La baisse des taux d'intérêt explique en grande partie que le pouvoir d'achat immobilier des Français n'ait baissé *que* de 13 % entre 1999 et 2019 alors que dans le même temps les prix dans l'ancien augmentaient de 70 %[50]. Mais les taux d'intérêt bas aident peu les primo-accédants, qui ont besoin d'avoir un apport en proportion du montant emprunté, à l'inverse des ménages plus âgés, qui ont eu le temps de constituer un capital pour accéder à l'emprunt. En France, il faut mobiliser presque treize ans de revenus disponibles pour acheter un appartement de 100 mètres carrés en 2020, contre huit ans en 2000. C'est neuf ans en Allemagne, avec une très faible hausse en vingt ans. Les métropoles sont devenues inabordables pour des jeunes qui commencent leur vie professionnelle avec un salaire médian de 20 000 euros par an.

Les conséquences sont très concrètes. Là où un ménage pouvait acheter un logement de 100 mètres carrés en 1999, il ne peut plus acquérir que 87 mètres carrés en 2019. La différence peut paraître minime, mais cette superficie représente une chambre en moins. Et on sait que les difficultés de logement ont un effet dès le plus jeune âge sur les conditions d'apprentissage, et agissent comme un puissant facteur de reproduction sociale. Les études montrent que les adolescents qui partagent leur chambre avec un frère ou une sœur ont plus de risques de redoubler que ceux qui ont une chambre à eux[51], indépendamment de la catégorie socioprofessionnelle des parents. Les effets de cette explosion des prix sont aussi macroéconomiques, puisque, comme le rappelle François Lévêque, économiste à Mines Paris PSL, « les prix élevés éloignent de nombreux ménages actifs aux frontières du bassin d'emploi, ce qui réduit leurs opportunités. Ils les privent de postes correspondant mieux à leurs qualifications, ce qui pénalise également les entreprises. Ce sont là des gains de productivité perdus et donc une croissance moindre[52] ». Que l'on songe aux dizaines

50. Source : Conseil supérieur du notariat, 2020. Dans le même temps, la capacité d'emprunt a augmenté de 50 % grâce à la baisse des taux.

51. Dominique Goux et Éric Maurin, « The Effect of Overcrowded Housing on Children's Performance at School », *Journal of Public Economics*, 2002.

52. François Lévêque, *Les Échos*, 28 mars 2021

de milliers d'opportunités d'emploi perdues pour les jeunes qui entament leur vie professionnelle et qui ne peuvent pas vivre aux abords immédiats des métropoles, mais n'ont pas non plus les moyens de parcourir quotidiennement les 10, 20 ou 30 kilomètres qui les en séparent. Et la hausse des prix de l'énergie accroît ces difficultés pour ceux, largement majoritaires, qui dépendent de la voiture pour leurs trajets domicile-travail.

Quel paradoxe dans un pays qui, en 2019, a consacré 38,5 milliards d'euros à la politique du logement, au deuxième rang mondial derrière le Royaume-Uni ! Près de la moitié de cette somme est destinée aux prestations sociales de logement, à destination d'environ 6 millions de personnes[53], avec l'inefficacité que l'on constate pour assainir le marché. Rente parmi les rentes, l'immobilier est devenu l'archétype des inégalités intergénérationnelles. Près de 70 % des propriétaires occupants ont plus de 50 ans, et ce sont aussi ceux, dans les mêmes proportions, qui possèdent un logement mis en location[54]. L'accumulation patrimoniale au long d'une existence n'a en soi rien de surprenant ni de problématique. Le malaise tient dans la concentration de la propriété immobilière, amplifiée par les taux bas et le développement de la location courte durée du type AirBnB (entre 2017 et 2021, 1 million de logements sont passés en investissement locatif). Quelques chiffres issus du portrait social 2021 de l'Insee le montrent à l'envi : 24 % des ménages détiennent 68 % des logements possédés par des particuliers. 30 000 ménages (0,1 % des ménages) possèdent 20 logements ou plus. 3,5 % des ménages ont au moins 5 logements et détiennent à eux seuls la moitié des logements en location. Et 42 % des multipropriétaires ont plus de 60 ans. L'explosion des prix de l'immobilier a considérablement enrichi les baby-boomers, qui ont connu le plein-emploi et la croissance des Trente Glorieuses, et ont remboursé leurs prêts grâce à l'inflation. Le même phénomène a appauvri les jeunes

53. Il existe trois aides personnelles au logement : l'allocation de logement familiale (ALF), l'aide personnalisée au logement (APL) et l'allocation de logement sociale (ALS).

54. Enquête conditions de logement 2017, Insee.

ménages qui se logent moins bien et plus cher. Pour caricaturer, des propriétaires autour de la soixantaine vendent aujourd'hui très cher à des trentenaires des appartements qu'ils ont achetés deux à trois fois moins cher. Le fossé séparant ceux qui possèdent les actifs immobiliers et ceux qui ne peuvent plus les acquérir ou les louer n'a jamais été aussi grand.

Les mesures prises par le gouvernement Castex, comme une aide de 1 000 euros versée aux jeunes actifs gagnant moins de 1 300 euros par mois pour l'installation dans un premier logement en location, sont utiles mais entérinent le déséquilibre en traitant ses conséquences plutôt que ses causes. Il est aussi bien connu que les 8 à 9 milliards d'euros annuels d'aides personnalisées au logement (APL) sont captés par les propriétaires bailleurs et nourrissent l'inflation des loyers. L'intégration des APL dans le système d'impôts sur le revenu assainirait la situation. Sous un certain seuil, le loyer deviendrait déductible des revenus. L'APL deviendrait donc un impôt négatif pour les non-imposables, et une réduction d'impôt pour les autres[55]. Le fléchage des investissements privés vers la construction de logements pour les étudiants et les jeunes professionnels plutôt que vers la location touristique de courte durée permettrait d'augmenter l'offre. Une interprétation pragmatique et territorialisée de l'interdiction d'artificialiser les sols permettrait de « décongeler » les superficies foncières devenues inconstructibles et créerait un appel d'air salutaire dans nombre de zones immobilières tendues. Enfin, le transfert de la responsabilité des plans locaux d'urbanisme (PLU) des maires vers les intercommunalités permettrait de gérer le foncier à une échelle pertinente. Enfin et surtout, il faut simplifier à l'extrême les relations entre propriétaires et locataires. En 2005, dans un article aussi lumineux que provocateur pour un esprit français, l'économiste Étienne Wasmer proposait de s'inspirer du Québec[56] :

55. Alain Trannoy et Étienne Wasmer, « La politique du logement locatif », note du Conseil d'analyse économique, octobre 2013.

56. *Libération*, 5 septembre 2005

> Une étude internationale récente réalisée à Harvard indique que la France est un des pays de l'OCDE où le recouvrement d'un logement et l'expulsion d'un locataire sont les plus longs : en moyenne, 226 jours, dont 75 jours pour obtenir un procès et 135 jours pour l'application de l'acte de justice. (…) Alors, tentons une proposition totalement surréaliste. Faisons de la loi sur le logement un simple sous-chapitre du droit des contrats : on signe, on paie, si on ne paie pas, on s'en va. (…) En contrepartie, puisque les locataires ne peuvent plus durablement rester dans un logement sans payer, les propriétaires ne peuvent plus refuser de logement ; ils ne peuvent pas exiger de mois d'avance ni de caution ; ils ne peuvent pas exiger de garanties complexes ou de caution familiale ; ils s'exposent, s'ils louent des logements insalubres, à des sanctions financières ; en revanche, ils exercent le droit systématique de s'adresser aux derniers propriétaires pour s'assurer du sérieux du postulant. (…) Bénéfice additionnel, (…) on peut réallouer cet argent pour rénover des appartements et apporter des aides à la construction de nouveaux logements.

Hélas, seul l'encadrement des loyers semble séduire les responsables politiques, avec des effets pervers bien connus de réduction de l'offre de logements locatifs et d'exclusion des locataires aux revenus irréguliers ou faibles. Le bateau ivre de l'immobilier poursuit sa course folle.

Rien d'étonnant à ce que la part des 18-29 ans habitant chez leurs parents augmente depuis 2000, sous l'effet du chômage et de la hausse des loyers et de la population étudiante[57]. Selon l'Insee, en 2013, ce phénomène concernerait 46 % de ces jeunes adultes. Les étudiants, de leur côté, consacrent 50 % de leur budget à leur logement. Dans ces conditions, l'autonomisation est

57. Une étude du Cereq de décembre 2021 montre qu'à parcours professionnel équivalent, les jeunes sortis de formation initiale en 2010 et ayant quitté le domicile familial ont 1,4 fois plus de chances de revenir chez leurs parents au cours des cinq ans suivant leur départ que ceux sortis de formation en 1998.

problématique. Comment arriver à construire un projet de vie en étant si entravé matériellement, à la fois pour gagner sa vie et se loger ?

*
* *

Il est difficile, au terme de ce sombre tableau, d'être optimiste. Comme si cela ne suffisait pas, la crise épidémique est venue amplifier et accélérer ces déséquilibres. Au printemps 2020, l'urgence sanitaire s'est imposée. Dans la précipitation, toute l'attention et les ressources de la nation se sont portées sur la préservation de la vie des personnes les plus vulnérables. Sur le plan éthique, tout autre choix aurait été insupportable. Mais peu de voix se sont élevées, bien tard et avec d'infinies précautions, pour avancer l'idée que l'arrêt quasi-total de l'activité du pays allait avoir des effets dévastateurs sur l'économie, la société et les jeunes. Encore moins de commentateurs ont osé dire que le choix de préserver à tout prix la vie des plus âgés pouvait être discuté à l'aune d'autres critères. Cette réflexion, indispensable autant que légitime, a tout simplement été ensevelie sous un discours doublement sédatif : celui, émollient, du « quoi qu'il en coûte », qui a ouvert la voie à l'*open bar* des dépenses publiques ; celui, lénifiant, de l'avènement d'un « monde d'après », perspective aussi creuse qu'introuvable.

Deuxième partie

LES EFFETS DÉVASTATEURS DE LA CRISE SANITAIRE

> C'est dur d'avoir 20 ans en 2020. Je ne donnerai jamais de leçons à nos jeunes. Ce sont eux qui, honnêtement, vivent un sacrifice terrible.
>
> *Emmanuel Macron, 14 octobre 2020.*

« La combinaison du fonctionnement dual du marché du travail, d'aides sociales quasi inexistantes et d'un système scolaire élitiste aboutit à l'élimination systématique des plus faibles et à une divergence croissante entre les destins de deux jeunesses[1]. » C'est le constat alarmé mais réaliste d'économistes réputés : un système social biaisé en faveur des *insiders* et des vieux. C'était il y a une décennie. Depuis, bien peu de choses ont changé et tout a changé. D'un côté, des réformes trop timorées pour en sentir l'effet. De l'autre, une superposition de crises, aussi soudaines que violentes. Après deux années de crise sanitaire, la France entre affaiblie dans la crise géopolitique majeure qui s'ouvre avec l'invasion de l'Ukraine par les troupes russes le 24 février 2022. Les incertitudes économiques et énergétiques et le retour de

1. Pierre Cahuc *et al.*, *La Machine à trier*, *op. cit.*

l'inflation touchent les plus fragiles, dont les jeunes forment une part importante.

Les jeunes ne forment pas un groupe social organisé, mais représentent un « temps social » qui reflète une grande diversité de besoins et de conditions. C'est peut-être cette fragmentation qui explique qu'il ait fallu attendre cinq mois après le déclenchement de la pandémie pour que le président de la République reconnaisse la spécificité de la situation des jeunes : « C'est à notre jeunesse qu'on a demandé le plus gros effort », déclare-t-il lors de son allocution du 14 juillet 2020. À l'automne, il confirme ce diagnostic : « On demande les plus grands sacrifices à notre jeunesse pour protéger les plus âgés[2]. » En janvier 2021, devant les étudiants de Saclay, il enfonce le clou : « J'avais eu l'occasion de dire il y a quelques mois que ce n'est pas facile d'avoir 20 ans en 2020. Je ne suis pas sûr que ce soit infiniment plus simple en 2021. » Jean Castex a aussi convenu début 2021 que les jeunes payaient un lourd tribut à la crise, en reconnaissant que l'efficacité des mesures de soutien n'était « pas complète et pas suffisante ». Il était temps. Pour les jeunes, les conséquences sont innombrables : études chaotiques, isolement, santé psychique dégradée, accès restreint aux stages et aux emplois, disparition des petits boulots[3]...

En 2021, seuls 19 % des 18-30 ans se disent très heureux, contre 46 % en 1999[4]. Sans aucun doute, le terrorisme ou l'anxiété écologique sont passés par là. Mais l'expérience du Covid est évidemment centrale. Et trois ans après le déclenchement de la pandémie, alors que le retour aux *jours heureux* promis par Emmanuel Macron lors de son discours du 13 avril 2020 semblait prendre corps, la perspective de la guerre sur le sol européen sème

---

2. Déplacement à Vilnius, Lituanie, 29 septembre 2020.

3. Voir entre autres le diagnostic établi par la Commission d'enquête sur les effets du Covid-19 sur les enfants et la jeunesse, Assemblée nationale, décembre 2020.

4. Enquête Ifop menée auprès de 1 500 personnes âgées de 18 à 30 ans citée par Frédéric Dabi, *La Fracture*, Paris, Les Arènes, 2021. Il est intéressant de noter que le sentiment de bonheur est corrélé au niveau de diplôme et au sentiment de vivre dans une société juste.

le doute. Les jeunes nés au tournant des années 2000, si on en doutait encore, forment bien une génération au sens sociologique du terme, telle que définie par Mannheim au début du XXe siècle, unie par un événement fondateur, l'expérience commune de la pandémie, et peut-être de la guerre. Comment, pour les jeunes, franchir des barrières qui semblent s'élever à mesure qu'on s'en approche ? Comment entrer dans la vie adulte, dans un pays plombé par une dette abyssale et une économie au ralenti ? Comment réduire l'écart entre ceux qui peuvent se reposer sur les ressources familiales et ceux qui se retrouvent piégés par la nécessité d'assurer leur survie économique ?

2.1 – Avoir 20 ans en 2020 : l'âge malheureux

Il est dur d'avoir 20 ans ces dernières années, et d'abord pour le moral. Plus de huit étudiants et lycéens sur dix se disent inquiets quant à leur avenir[5] et 62 % des moins de 30 ans partagent l'affirmation : « J'ai peur de l'avenir[6]. » En janvier 2021, près de Lyon, deux étudiants ont tenté de mettre fin à leurs jours en se défenestrant. Les conséquences psychologiques pour les jeunes des confinements à répétition sont bien documentées. Le gouvernement a recruté 80 psychologues début 2021 et a créé un « chèque psy » de 96 euros pour les étudiants, afin de leur donner accès gratuitement à trois consultations. Peu utilisé et complexe, le dispositif peine à décoller[7] et ne traite que les symptômes d'un mal-être général et non ses causes premières. Pendant ce temps, à la Sorbonne et dans d'autres universités, des étudiants apprennent à déceler les symptômes de dépression chez leurs pairs. Étudiants « sentinelles », étudiants « référents », étudiants « tuteurs »... Faute de mieux, le ministère de l'Enseignement supérieur a encouragé

5. Baromètre de confiance dans l'avenir (BVA) pour *L'Étudiant* et Orange, 10 mars 2021.

6. Frédéric Dabi, *La Fracture, op. cit.*

7. En avril 2021, seuls 905 étudiants avaient pris un rendez-vous. Source : « Le démarrage laborieux des “chèques psy” », *Le Monde*, 14 avril 2021.

toutes les nuances du support entre pairs, au risque de transformer l'université en vaste cellule de soutien psychologique. Selon une étude publiée par l'Observatoire de la vie étudiante en septembre 2020, 31 % des étudiants ont présenté des signes de détresse psychologique pendant le premier confinement, avec des manifestations variées (nervosité, tristesse et abattement, découragement). Les effets sur la santé mentale sont d'ores et déjà à inscrire au passif de cette crise et certains étudiants garderont des traces durables de cet état psychologique[8].

Les étudiants ne représentent évidemment pas toute la jeunesse : 60 % des jeunes ne vont pas à l'université. Hors de l'université, d'autres jeunes, encore plus nombreux et hors des écrans radar, perdent pied, sans qu'il soit possible d'établir un diagnostic exhaustif de l'étendue des dégâts. 58 % des moins de 30 ans interrogés par l'Ifop en 2021 ont « ressenti un sentiment de déprime ou de dépression » depuis le déclenchement de la pandémie. Les jeunes, dont la santé mentale est plus variable que celle des adultes, sont aussi plus sensibles à la dégradation de leur environnement. Anxiété, isolement, perte de sens, difficultés financières, décrochage… les raisons sont diverses mais toutes prennent leur origine dans la rupture brutale des liens sociaux, de l'activité professionnelle ou de la formation. Les jeunes adultes ne sont pas les seuls fragilisés, puisque les consultations en pédopsychiatrie ont fortement augmenté depuis le début de la pandémie. Les cas de boulimie et d'anorexie explosent.

Selon la sociologue Anne Muxel, directrice de recherche au Cevipof (Centre de recherches politiques de Sciences Po) :

> Les études soulignent une augmentation significative de la détresse psychologique, des dépressions, des addictions… toutes sortes de pathologies qui montrent que la situation actuelle est contre-nature. Les années de jeunesse sont un temps décisif – fait de rencontres, d'échanges, de mobilité, de contacts… – dans la construction de l'identité, de

---

8. Interview de Christophe Tzourio, professeur d'épidémiologie à l'université de Bordeaux, *Le Monde*, 17 mars 2021.

> l'altérité. Or, ce n'est pas possible avec la fermeture de tous les lieux de rencontre, de convivialité, de culture[9].

Ce sont en réalité tous les rites initiatiques de l'entrée dans la vie adulte qui ont été perturbés : baccalauréat, permis de conduire, stages, jobs étudiants, rentrée universitaire, premier logement autonome, vacances sans les parents... Toutes ces étapes qui rythment la fin de l'adolescence se sont dissoutes dans une brume sans fin. Les pages des journaux se sont remplies de portraits de jeunes qui ont un sentiment de vide et de retour à la case départ – chez leurs parents pour la plupart – à un âge où élaborer des projets est une dimension essentielle : « Dans une période clé de projection vers l'avenir, les situations d'attente s'éternisent. Si ce n'est bon pour personne, c'est particulièrement rude à l'âge où l'on est censé poser des jalons pour la vie[10]. » Être bloqué dans le présent à 20 ans est tout sauf naturel.

Le suicide représente la seconde cause de mortalité chez les 20-24 ans après les accidents de la route. Le taux de suicide parmi les jeunes ne présentait pas d'évolution à la hausse jusqu'au début de l'année 2021. Les cas de détresse extrême, même s'ils sont largement médiatisés, restent heureusement limités en nombre : un jeune sur le campus de HEC en avril 2020, un étudiant sur le campus de l'université de La Rochelle en août 2020, de même à Nouméa, Toulouse, Montpellier... Les spécialistes ont même observé une baisse des suicides pendant le premier confinement, comparable au phénomène observé pendant toutes les grandes crises, où les passages à l'acte au cœur de la crise sont moins fréquents. Il reste qu'en 2021 les étudiants étaient 1,5 fois plus nombreux que la population générale à présenter des caractéristiques de dépression profonde et un tiers des 18-25 ans confessaient des pensées suicidaires[11]. Le pic de la crise sanitaire et l'effet de sidération étant passés, les effets anxiogènes sur les plus jeunes sont à présent tangibles,

---

9. « La "génération Covid" stoppée en plein envol », *Le Monde*, 9 février 2021
10. Monique Dagnaud, in *ibid.*
11. Sondage Ipsos, janvier 2021. D'autres sondages sont encore plus alarmistes, avec une proportion de 40 % d'étudiants qui auraient eu des pensées suicidaires (Fage, mars 2021).

comme le montre la hausse des tentatives de suicide par ingestion médicamenteuse chez les 12-24 ans, à tel point que les spécialistes anticipent plus de morts par suicide que du fait du Covid-19 dans cette tranche d'âge[12]. Il est frappant de se souvenir que jusqu'aux années 1970, le suicide était un phénomène croissant avec l'âge, et touchait principalement les « vieillards, maudits pour leur improductivité[13] ». Ces tendances préoccupantes sont le fruit d'un sentiment général de fermeture des perspectives, comme le décrivait il y a près d'un siècle le grand sociologue Maurice Halbwachs :

> Ce n'est pas que la misère des ouvriers qui chôment, les banqueroutes, les faillites et les ruines, soient la cause de beaucoup de suicides. Mais un sentiment obscur d'oppression pèse sur toutes les âmes, parce qu'il y a moins d'activité générale, que les hommes participent moins à une vie économique qui les dépasse, et que leur attention n'étant plus tournée vers le dehors se porte davantage non seulement sur leur détresse ou leur médiocrité matérielle, mais sur tous les motifs individuels qu'ils peuvent avoir de désirer la mort[14].

Il faut insister sur la faiblesse des réponses politiques. Jean Castex, interpellé début 2021 par des étudiants sur la possibilité de maintenir une journée de présence à l'université malgré le confinement a répondu de façon tellement floue que ses interlocuteurs en sont restés sans voix : « Même quand on était confinés, on a pu parfois prévoir un certain nombre d'exceptions. Est-ce que, compte tenu de la réalité des étudiants, on les fait entrer dans les exceptions ? » Le désarroi des décideurs publics n'est pas moins grand que celui de la jeunesse. Il traduit une difficulté réelle à appréhender l'importance des espaces de socialisation à l'âge où il n'y a pas d'apprentissage sans interactions.

---

12. Interview de Christophe Tzourio, professeur d'épidémiologie à l'université de Bordeaux, *Le Monde*, 17 mars 2021.

13. Jean-Claude Chesnais, cité par Louis Chauvel, *Le Destin des générations*, *op. cit.*

14. Maurice Halbwachs, *Les Causes du suicide*, 1930, cité par Louis Chauvel, *Le Destin des générations*, *op. cit.*

2.2 – Apprendre en temps de pandémie : une gageure

Selon l'OCDE l'impact du confinement du printemps 2020 sur la scolarité pourrait se traduire par une baisse de 1,5 % du PIB mondial en moyenne pour le reste du XXIe siècle, traduisant ainsi les effets de la fermeture des établissements pendant un tiers de l'année sur l'acquisition de compétences, et donc sur la productivité[15].

Les ratés de l'école à la maison

Les conséquences de la crise sanitaire sur la formation scolaire et universitaire des jeunes sont multiples. D'abord, et de façon évidente, la fermeture complète et brutale des établissements a fortement perturbé les apprentissages. Malgré le dévouement de nombre d'enseignants attachés à remplir leur mission coûte que coûte, les conditions d'apprentissage à la maison, sous le contrôle de parents eux-mêmes confinés et en télétravail, ont été très dégradées, en particulier dans le primaire. Comment rester un élève motivé quand, en guise de cours, on reçoit par e-mail une leçon, quelques exercices et un corrigé ? Cet épisode a révélé la faible numérisation des écoles françaises et le déficit de formation – et parfois de motivation – de certains professeurs. À l'école, la France a découvert, incrédule mais pas tout à fait surprise, une nouvelle catégorie d'enseignants : les professeurs décrocheurs, qui ont purement et simplement disparu pendant tout ou partie du premier confinement, sous prétexte d'absence d'outils de travail à distance. Le décrochage des élèves reste difficile à quantifier. Les professeurs estiment avoir « perdu » entre 10 à 20 % de leurs élèves – bien au-delà des 4 à 5 % avancés par le ministère de l'Éducation nationale – depuis la baisse plus ou moins accentuée de motivation jusqu'à la « disparition » pure et simple de l'élève.

---

15. « Regards sur l'éducation », OCDE, septembre 2020.

Trois à six élèves par classe qu'il faudra rattraper, remotiver et qui s'ajoutent aux 100 000 décrocheurs annuels, indépendamment de la crise sanitaire.

Pour tenir compte de l'hétérogénéité des situations, le ministre de l'Éducation nationale a souhaité privilégier le contrôle continu, en particulier pour le brevet des collèges des élèves de troisième et pour les épreuves du baccalauréat en première (français et épreuves de spécialité) et en terminale. Cette décision d'un bac 2020 à 100 % en contrôle continu, assortie d'un appel à l'indulgence des professeurs dans leur notation, explique le taux de réussite de 95,7 %, un record. Cette année-là, il suffisait de se présenter au bac pour l'avoir. La promotion du bac 2019, avec 88,1 % de réussite, regarde probablement avec un brin de mélancolie ses successeurs, qui restent à ce jour comme la « meilleure » promotion de l'histoire du bac[16]. Les résultats n'ont jamais été aussi bons, mais n'empêchent pas les jeunes Français de décrocher dans les classements internationaux : cherchez l'erreur.

Il est tentant de rejouer le match après coup : en quoi l'organisation d'épreuves individuelles orales devant deux professeurs aurait-elle créé des risques épidémiques ? Un système de péréquation – grande spécialité de l'Éducation nationale – aurait permis de ne pas trop pénaliser les élèves en retard sur leur programme. Au nom de la sacro-sainte égalité, les élèves qui ont préparé leurs examens comme ceux qui ont régulièrement travaillé pendant le confinement – ces dernières notes n'étant pas comptées dans le contrôle continu – n'ont pas été pris au sérieux. L'inflation des notes, désormais hors de contrôle, continue de ronger un système vermoulu, rendant suspect aux yeux des responsables d'établissements d'enseignement supérieur et de futurs employeurs cette « génération bac-Covid » aux diplômes dévalués.

16. En 2021, la plupart des épreuves ont aussi été annulées et la notation continue a compté pour 82 % de la note finale. Le taux de réussite de 93,8 % confirme la tendance de 2020.

ÉTUDIANTS FANTÔMES ET UNIVERSITÉ POTEMKINE

À la rentrée 2020, 284 000 nouveaux bacheliers – chiffre en hausse de 4,4 % par rapport à l'année précédente – ont frappé aux portes des universités, déjà structurellement en sureffectif. Après le confinement brutal du printemps 2020, pendant lequel les universités ont été fermées, les étudiants pensaient reprendre le fil de leurs études à la rentrée. Las, fin octobre 2020 la deuxième vague a frappé. 1,7 million d'étudiants ont renoncé à des études à l'étranger et à des stages et ont rendu leurs locations. Un tiers sont rentrés chez leurs parents et les autres se sont morfondus dans leurs résidences étudiantes en suivant des cours à distance. À partir de janvier, certains ont été autorisés à revenir physiquement en amphi, un jour par semaine, par groupes de dix, puis à 50 %. Comment sélectionner les étudiants susceptibles de bénéficier de cette « faveur » ? Comment assurer l'égalité de traitement ? L'équation est évidemment complexe à résoudre, et on voit bien l'immense doute qui peut assaillir les étudiants, en particulier ceux de première année, qui ont passé leur année de terminale entre deux eaux et n'ont connu la vie universitaire, leurs pairs et leurs professeurs que pendant quelques semaines avant d'être invités à rester chez eux. La qualité des cours à distance a été très variable. Plutôt bien assurée dans la plupart des grandes écoles[17], elle a été très aléatoire dans l'université et plus encore dans les formations techniques comme pour les étudiants des filières professionnelles, DUT et BTS, pour lesquelles la pratique et la présence physique sont indispensables. Pour tous, au-delà des aléas techniques et de la maîtrise des outils numériques, il est rapidement devenu évident que passer ses journées devant un écran d'ordinateur était loin de procurer la même qualité d'interactions – et donc d'apprentissage – que des cours en face à face, où l'élève peut poser

---

17. 48 % des élèves des écoles de commerce et 44 % des élèves des écoles d'ingénieurs ont été « satisfaits » de la continuité pédagogique pendant le premier confinement, contre 36 % pour ceux inscrits à l'université (enquête Observatoire de la vie étudiante, mars 2021). L'enseignement privé supérieur forme 21 % des étudiants, dont environ 720 000 dans les grandes écoles.

des questions sans inhibition et le professeur, s'assurer plus facilement de la bonne compréhension de son cours. Comment rester concentré en enchaînant des heures de monologue en visioconférence devant un écran ? Les échanges informels entre étudiants ou avec les professeurs, élément essentiel de l'apprentissage, ont aussi disparu. Attention volatile, assiduité en baisse, motivation flageolante, transmission altérée. Comme le note Pierre Mathiot, directeur de Sciences Po Lille :

> Ce serait se raconter des histoires que de croire qu'autant de mois à distance n'ont eu aucun effet sur les apprentissages. Les conditions d'acquisition de connaissances et de compétences ont été dégradées, y compris quand le distanciel est robuste et de qualité. On sent les élèves moins à l'aise dans leurs savoirs, avec des exposés moins solides, des références plus incertaines [...]. Étudier, ce n'est pas seulement s'asseoir et accueillir des connaissances, mais c'est aussi toute une socialisation, fondamentale dans l'engagement académique.

Sans surprise, la qualité dégradée de l'enseignement a fortement perturbé les étudiants. Dans un sondage réalisé en mars 2021 par BVA pour *L'Étudiant*, 74 % des étudiants interrogés se déclarent en perte de motivation. Dans une autre enquête, 60 % des étudiants estiment que le confinement a provoqué un décrochage dans leurs études assez important ou très important[18], principalement pour des raisons d'organisation matérielle (absence de plateforme ou d'échanges avec les professeurs, difficultés matérielles ou de connexion). Un étudiant sur cinq estime ne pas avoir pu suivre correctement son cursus. 43 % des jeunes ont vu leur projet d'orientation modifié ou arrêté du fait de la crise sanitaire[19]. Pire, un sondage auprès des 12 000 étudiants de l'université de Bordeaux réalisé à la même période montrait que près de la moitié (49 %) ont pensé abandonner leurs études au premier semestre.

---

18. « Un an après : l'urgence d'agir pour ne pas sacrifier la jeunesse », enquête Fage-Ipsos, mars 2021.
19. Sondage Ipsos pour la Fage, mars 2021.

On ne dira jamais assez les dégâts pour l'apprentissage et le sentiment de gâchis que cette crise a provoqué.

Il fallait éviter d'ajouter de l'injustice à la désorganisation. Les modalités du contrôle des connaissances à distance ont servi de variable d'ajustement. À l'université, les résultats des partiels à distance de janvier et février 2021 dressent un tableau en demi-teinte[20]. Selon la Conférence des présidents d'université, la stabilité globale des taux de réussite serait le signe du maintien du niveau et de l'attention particulière portée aux étudiants de première année. En deuxième et troisième années, la légère baisse constatée ne serait pas significative. De nombreux enseignants font pourtant part de leur scepticisme quant à cette lecture optimiste. Ils notent que les étudiants de première année ont particulièrement souffert, quand bien même les examens ont été adaptés, et réduits dans certains cas à des QCM. Rédiger, problématiser, argumenter n'est plus d'actualité. Les soutenances de thèses, moments fondateurs d'une carrière universitaire, se sont déroulées en visioconférence. Des professeurs déplorent un nombre plus important de copies blanches ou des copies plus bancales avec des notions de bases non acquises. D'autres constatent que les copies présentent des erreurs que, normalement, on ne constate plus aux niveaux théoriquement atteints par les étudiants. En réalité, le maintien des résultats d'une année sur l'autre est dû à la baisse de l'exigence des professeurs, et le niveau réel des étudiants, faute d'évaluation sérieuse, est une grande inconnue. Certains, comme les enseignants du département de mathématiques de Lyon-1, le reconnaissent sans fard: «Au vu des résultats, nous avons changé nos exigences et adopté un coefficient multiplicateur pour augmenter leur moyenne de trois à quatre points. On ne pouvait tout de même pas les enfoncer. On continue, on fait un peu semblant, mais les bases ne sont pas acquises et ça va se ressentir très vite[21].» D'autres enseignants avouent une lassitude face à une spirale baissière dont ils ressentent

20. Conférence des présidents d'université, enquête comparative 2020-2021, mars 2021.

21. «Une session d'examens marquée par le stress et la baisse du niveau», *Le Monde*, 5 février 2021

la logique implacable, le niveau en deuxième année ayant baissé avec des étudiants de première année qui avaient bénéficié de l'indulgence de leurs professeurs l'année précédente mais qui n'avaient pas le niveau. Des enseignants qui font « un peu semblant », des étudiants qui n'ont pour la plupart pas conscience de leur niveau véritable… L'université Potemkine a de beaux jours devant elle.

Le cri de détresse d'une étudiante de l'université de Cergy-Pontoise, qui témoigne dans *Le Monde* à l'occasion d'une visite de la ministre de l'Enseignement supérieur en janvier 2021, semble retentir dans le désert : « Ce que nous demandons, ce n'est pas d'aller boire des cafés ou de manger un kebab tous ensemble le midi ! C'est de pouvoir continuer à apprendre, d'arrêter de stagner, voire de progresser. Le corollaire de l'échec massif qui se prépare aujourd'hui, c'est la baisse du niveau à l'université dans les prochaines années, et la ministre ne s'en émeut même pas. » Et de fait, le déni semble solidement ancré dans le discours officiel, puisque Frédérique Vidal, ministre de l'Enseignement supérieur du gouvernement Castex, a déclaré le plus sérieusement du monde devant la commission des affaires culturelles de l'Assemblée nationale que les étudiants n'avaient pas plus décroché que l'année précédente et que la promotion Covid saurait « mettre en avant le fait d'avoir obtenu un diplôme dans une année aussi difficile ».

Il n'y a sans doute pas d'équivalent historique à ce qu'il faut bien nommer un traumatisme pédagogique. Même la génération 68, à laquelle les lycéens et étudiants actuels sont parfois comparés, n'a pas été aussi maltraitée. Diplômée de façon très généreuse, cette génération a connu un marché du travail si dynamique qu'elle n'a pas souffert dans sa vie professionnelle de deux à trois mois de blocage des universités. La crise du Covid-19 a accéléré le décrochage général du système éducatif et universitaire. Les élèves du primaire et du secondaire ont accumulé des lacunes, et la question du caractère probablement irrattrapable de ce retard scolaire est rarement abordée. Les élèves de terminale et les étudiants ont été diplômés dans des conditions exceptionnellement dégradées. La génération Covid risque d'aborder en situation de grande fragilité un marché du travail dont les fondamentaux – défavorables aux nouveaux entrants – n'ont pas changé malgré l'embellie de 2021-2022.

2.3 – Emploi : dernier arrivé, premier sorti

La pandémie a déclenché une décision inédite à l'échelle de la planète : le confinement quasi général de la population. Tétanisés par cette menace invisible, les gouvernements ont suivi les uns après les autres. En l'absence de traitement ou de vaccin, celui qui ne le faisait pas s'exposait à l'accusation de ne pas protéger sa population. Cette décision précipitée, moyenâgeuse et surtout indiscriminée, a donné un coup d'arrêt brutal à toutes les activités économiques, d'autant plus violemment que la mondialisation des chaînes de valeur rend les économies interdépendantes. Conséquence immédiate : l'impact de la crise sanitaire sur le marché du travail a été massif.

Le plus difficile est devant nous

En France, l'activité a chuté de façon spectaculaire en 2020, en particulier dans les secteurs d'excellence (aéronautique, tourisme, automobile, culture, restauration)[22]. La consommation en baisse de 7 % et les exportations en chute libre (– 18 %) ont fait baisser le PIB de 8 %, la plus forte récession depuis la Seconde Guerre mondiale. À titre de comparaison, la crise financière de 2009, déjà très violente, n'avait fait reculer la croissance que de 2,9 %. Concrètement, la France a perdu 200 milliards d'euros de richesses, la somme des biens et des services qui n'ont pas été produits. C'est un bond en arrière d'une décennie, puisque le PIB de 2020 est le même qu'en 2011. Ce chiffre est cependant à relativiser. Il édulcore la réalité, parce qu'il mêle activités marchande et non marchande, et que c'est le secteur non marchand qui a subi l'essentiel de la catastrophe économique, avec une baisse d'activité de l'ordre de 30 % pendant le confinement du printemps 2020. Mais il amplifie aussi l'impression de déclin, puisque la richesse produite depuis 2011 ne s'est évidemment pas évaporée.

---

22. Rappelons qu'un mois de confinement « dur » provoque une baisse de PIB de 3 %.

L'imprévisibilité semble être devenue la norme du cycle économique. La reprise vigoureuse de l'été 2020 a été freinée par deux vagues pandémiques, à l'automne 2020 puis au printemps 2021[23]. Malgré cela, la reprise a été au rendez-vous en 2021, avec une croissance de 7 %[24]. 2022 est placé sous des auspices bien moins favorables, sous l'effet de l'invasion russe en Ukraine et de la politique zéro-Covid en Chine, qui a conduit à mettre le pays sous cloche au printemps 2022, en privant le reste du monde de la production chinoise. Le renchérissement des prix de l'énergie pèse sur les coûts de production et une inflation proche de 6 % en 2022 va mécaniquement réduire la consommation des ménages. Pour faire court, depuis 2020 la France est dans un wagon lancé sur des montagnes russes.

Ce contexte est à la source de beaucoup d'incertitudes. Grâce aux leçons tirées de la crise de 2008-2009, les mesures de chômage partiel mises en place dès mars 2020 ont permis de sauvegarder de nombreux emplois. Plus de 8,4 millions de salariés étaient concernés au printemps 2020, et encore près de 3 millions à l'automne. Le chômage a augmenté de 7,5 % en 2020, avec 3,8 millions de personnes[25] mais en dépit des prévisions alarmistes, nous n'avons pas connu de vagues de licenciements et de faillites. C'est même l'inverse, puisque l'économie française a créé en 2021 plus d'emplois qu'elle n'en a détruit, avec 650 000 postes. Divine surprise, la France a retrouvé mi-2022 un taux de chômage historiquement bas depuis 2008, à 7,3 %[26]. 68 % des 15-64 ans sont désormais en emploi, ce qui ne s'était jamais vu depuis la mise en place de la mesure en 1975.

---

23. On estime qu'un mois de confinement « souple » comme à l'automne 2020 et au printemps 2021 coûte environ 1 % de PIB.

24. Sur la base du PIB en baisse de 8 % en 2020, c'est encore 1,6 point de croissance qui manque à l'appel pour retrouver le niveau d'avant-crise (2019).

25. En catégorie A (sans aucune activité). Si on ajoute les autres catégories, on arrive au chiffre de 6 millions de personnes en recherche d'emploi.

26. Rappelons que dans le même temps, le taux de chômage en Allemagne est de 3 %.

Pour autant, Bruno Le Maire, ministre de l'Économie, avait raison de déclarer en janvier 2021 : « Le plus difficile est devant nous », mais pas pour les raisons qu'il anticipait. Entre fin 2021 et début 2022, la guerre, l'inflation et l'énergie chère, trois fléaux annonciateurs de temps difficiles, ont replongé le monde dans l'incertitude. Quelques signaux faibles méritent qu'on s'y arrête. D'abord, une partie non négligeable de l'activité économique a été maintenue artificiellement en vie grâce aux milliards du « quoi qu'il en coûte », comme le montrent par l'absurde les 46 % de faillites en moins en 2021 par rapport à 2019. Avec l'extinction des aides exceptionnelles et la nécessité de rembourser 143 milliards de prêts garantis par l'État (PGE)[27] et 20 milliards d'euros de dettes sociales, des dizaines de milliers d'entreprises zombies, plus mortes que vives, seront amenées à disparaître pour de bon. Les experts chiffrent à 1 million le nombre d'emplois qui pourraient connaître le même sort. On voit le marasme s'annoncer quand le gouvernement déclare début 2022 que les entreprises en difficulté pourront rembourser leurs prêts à la fin de l'année, avec plus d'un an de retard, et étaler les remboursements sur dix ans au lieu de six. Maintenir en vie des canards boiteux avec de l'argent public n'est de toute évidence pas la meilleure façon d'assainir et de dynamiser le tissu économique. Par ailleurs, les difficultés de recrutement dans tous les secteurs d'activité – malgré un chômage au plus bas – montrent que le désajustement structurel entre offre et demande perdure sur le marché de l'emploi. Sur ce plan, les jeunes restent particulièrement exposés.

27. Lancés en mars 2020, ces prêts accordés par les banques et garantis à 90 % par l'État permettaient d'emprunter jusqu'à 25 % de son chiffre d'affaires. Environ 700 000 entreprises avaient contracté un PGE fin 2021.

Chômage : les jeunes en première ligne face à la conjoncture

Dans l'océan d'incertitudes qui caractérise les années 2020, le taux de chômage des jeunes illustre leur sensibilité extrême à la conjoncture : ce sont les premiers et les plus lourdement touchés quand l'économie s'effondre, mais ils bénéficient aussi des cycles haussiers quand la croissance revient. Pas de meilleure définition de leur condition de supplétifs sur le marché du travail.

Début 2021, 35 dirigeants de grandes entreprises cosignent une tribune dans le *Journal du dimanche* pour appeler à la mobilisation collective en faveur de l'emploi des jeunes, avec un constat en forme d'avertissement : « Les doutes et les craintes qui habitent une partie de la jeunesse constituent l'un des plus grands défis auquel notre société aura à répondre ces prochains mois [...]. La crise est devant nous[28]. » Ils sont bien placés pour savoir que l'ajustement par les flux (salariés entrants) et non pas par les stocks (salariés en place) est une constante de notre marché du travail. Les moins de 25 ans, davantage titulaires de contrats précaires que les autres classes d'âge (près de 53 % d'entre eux sont en CDD), et surreprésentés dans les secteurs d'activité les plus touchés par le confinement, sont une variable d'ajustement immédiate pour les employeurs, sur le principe du « dernier entré, premier sorti ».

Il est tentant de faire comme si la génération Covid ne devait pas rencontrer plus d'obstacles à son insertion que les jeunes de 1993 ou de 2010, années particulièrement difficiles. Un début compliqué, et puis c'est reparti, ni plus ni moins. Certes, mais ceux qui commencent tard et partent de plus loin ne rattrapent jamais leur retard. Dans un pays où la cristallisation sociale est précoce, la position acquise tôt ou l'échec initial font la trajectoire de toute une vie.

Pour les jeunes de 2020, les difficultés commencent très tôt. En 2020, le nombre de stages déclarés en entreprise a chuté de 22 % par rapport à l'année précédente. En un an, entre le troisième trimestre 2019 et le troisième trimestre 2020, le nombre de

---

28. *Le Journal du dimanche*, 3 janvier 2021.

chômeurs de moins de 24 ans a augmenté de 16 %, à 619 000 personnes, soit un taux de chômage de 22 % pour les 15-24 ans. Dans le même temps, leur taux d'emploi a reculé quatre fois plus que pour l'ensemble de la population. Et encore, ces chiffres reflètent partiellement la situation, parce qu'ils laissent de côté les jeunes qui, dans un contexte de mise à l'arrêt de l'économie, ont tout simplement décidé de surseoir à leurs recherches et n'entrent donc pas dans la catégorie des demandeurs d'emploi. Tous les jeunes ont été concernés, y compris les plus diplômés. Les embauches de cadres ont chuté de 20 % en 2020 mais dans le même temps les annonces pour les jeunes diplômés ont chuté de 37 %[29]. Les opportunités d'emploi ont fortement diminué : une année après avoir décroché leur diplôme, seuls 69 % des bac + 5 ou plus étaient en emploi en 2020, contre 85 % l'année précédente. La qualité des emplois a aussi diminué puisque seuls 59 % des jeunes diplômés ont été embauchés en CDI, contre 69 % l'année précédente. Nombre d'entre eux ont aussi dû accepter des conditions salariales inférieures à leurs attentes. Et les jeunes diplômés de 2019 encore en recherche d'emploi se sont retrouvés en concurrence avec ceux diplômés en 2020, eux-mêmes déjà talonnés par la promotion 2021. À raison de 750 000 nouveaux entrants sur le marché du travail tous les ans, l'embouteillage n'est pas loin. Quant aux non-diplômés ou aux peu qualifiés, leur surexposition au chômage s'amplifie en temps de récession. Les enseignements de la crise de 2008-2009 sont à cet égard éclairants, puisqu'en 2010 le taux de chômage des titulaires de CAP et BEP était équivalent aux non-diplômés de 2004[30]. En d'autres termes, sur le marché du travail, la crise est une grande machine à déclasser, en commençant par les moins qualifiés.

Le passage par la case chômage laisse des traces durables sur les individus, ce que les chercheurs appellent « l'effet cicatrice ». Les effets à long terme d'une crise économique sur les trajectoires individuelles ont été largement documentés, en particulier par l'OCDE et le ministère du Travail, avec la crise de 2008.

29. Source : Apec, mai 2021.

30. « L'insertion professionnelle des jeunes », Dares, France Stratégie, 2017.

La comparaison entre les jeunes sortis d'école en 2010 et ceux sortis d'école en 1998 ne laisse aucun doute: seuls 56 % des non-diplômés de 2010 ont signé un CDI au bout de sept ans, contre 72 % pour la génération 1998. 13 % d'entre eux ont une trajectoire professionnelle dominée par le chômage, deux fois plus fréquente que la génération 1998[31]. De leur côté, les bac + 5 de 2010, sept ans après leur entrée sur le marché du travail, ont des salaires inférieurs de 19 % aux salaires de leurs aînés. Une trop longue expérience de chômage à la sortie des études provoque des répercussions négatives en termes de carrière et de revenus, qui se font sentir longtemps. Les années perdues sont difficiles à rattraper sur le plan professionnel et ont des effets sur la santé mentale, la qualité de vie, le nombre d'enfants. Louis Chauvel analyse très justement le basculement du niveau individuel vers le niveau générationnel puis systémique :

> La première génération de jeunes qui a vécu les effets du ralentissement économique en 1980 subit encore aujourd'hui, au-delà de l'âge de 50 ans, les conséquences néfastes d'un mauvais départ dans la vie. Mais aucune politique de la jeunesse ne viendra à leur secours car, pour eux, il est trop tard. Ce déclassement apparemment temporaire des jeunes générations devient alors le *déclassement systémique* d'une société tout entière qui aura raté son passage à la « société de connaissance ». Le développement humain de long terme en fera les frais. (...) il s'agit là d'une transformation systémique où le cercle vicieux qui enferme les générations futures dans le sous-développement nous promet des lendemains qui déchantent, pour tous[32].

31. Source : Céreq.
32. Louis Chauvel, *Le Destin des générations*, *op. cit.*

Si les conditions d'entrée individuelles dans la vie active déterminent à ce point les conditions d'existence future de toute une société, la conclusion est claire : il faut agir dès que le risque de chômage pointe.

Ce n'est qu'à l'été 2020 qu'un plan de soutien spécifique pour les jeunes a été lancé, sous la dénomination « 1 jeune, 1 solution », avec trois volets principaux : accompagnement, contrats aidés et aides à l'embauche jusqu'à 8 000 euros pour un contrat d'apprentissage ou de professionnalisation. Le portail en ligne agrège les offres d'emploi de Pôle emploi et de sites spécialisés[33] et détaille les aides accessibles. Le dispositif procède d'une logique de soutien conjoncturel bienvenu. En six mois, 1,5 million de jeunes ont été embauchés en CDD de plus de trois mois ou en CDI. Surtout, les conditions très favorables pour l'embauche des apprentis, qui ne coûtent presque plus rien aux employeurs, ont permis de porter leur nombre à 630 000 en 2020, puis à 700 000 en 2021, quasiment le double de 2019[34]. Et avec six apprentis sur dix en emploi six mois après leur formation, l'apprentissage reste la voie la plus sûre de trouver un emploi. Ce succès inédit et une reprise économique vigoureuse sont à l'origine d'une diminution spectaculaire du chômage des jeunes, en baisse de 25 % entre le printemps 2021 et le printemps 2022. À 15,9 % fin 2021 le taux de chômage des jeunes n'avait jamais été aussi bas depuis 1981. Il faut s'en féliciter, tout en gardant à l'esprit que l'apprentissage est encore trop majoritairement utilisé par des jeunes préparant un diplôme de l'enseignement supérieur – dont l'insertion sur le marché de l'emploi est peu problématique – plutôt que par des formations de niveau CAP et BEP. Les premières évaluations montrent un effet limité par des effets d'aubaine chez les employeurs[35]. De son côté, la Cour des comptes a tiré un premier bilan mitigé du plan

33. 469 000 offres disponibles en juin 2022, dont 217 000 en CDI.

34. La réforme de l'apprentissage de 2019 y est aussi pour beaucoup : limite d'âge étendue à 29 ans (au lieu de 25), durée minimale de six mois (contre un an auparavant), simplification des procédures de création d'un CFA, etc.

35. Évaluation menée par les services du ministère du Travail (Dares) et le Conseil d'analyse économique (CAE), mai 2021.

« 1 jeune, 1 solution »[36], qui a mobilisé près de 10 milliards d'euros, mais a laissé de côté les jeunes « invisibles », trop éloignés des institutions en temps normal comme en temps de crise. Ce dispositif exceptionnel par son ampleur a tout de même permis de réduire le taux de Neet à 11,8 %, un niveau inférieur à l'avant-crise, même si l'efficacité des mesures les plus coûteuses (aides à l'embauche, contrats aidés) reste à démontrer.

En définitive, la situation n'a jamais été aussi favorable sur le marché du travail pour les jeunes, mais pour des raisons largement conjoncturelles liées à un soutien budgétaire massif. En période de stagnation économique et quand les aides à l'embauche disparaîtront, la faiblesse des compétences, la fragilité des entreprises et les déséquilibres structurels du marché du travail risquent de produire les mêmes effets qu'avant la crise sanitaire, d'autant plus que l'inflation poussant à la hausse les salaires des *insiders*, les embauches auront tendance à diminuer.

2.4 – Jeunes : inégalités à tous les étages

Le grand déclassement

En termes relatifs et sur la longue durée, la réalité du déclassement collectif de la France ne peut être minimisée. Comme le rappelle Jacques de Larosière, ancien gouverneur de la Banque de France et ancien directeur général du FMI (Fonds monétaire international), la France était au 5e rang mondial pour le niveau de vie par habitant en 1975. Elle n'est plus qu'au 26e rang en 2019[37]. Le rattrapage opéré par les pays anciennement sous-développés, Chine en tête, ne suffit pas à expliquer un tel décrochage, comme le montre la comparaison avec des pays industrialisés. En 2000, le PIB par habitant était similaire en France et en Allemagne, autour

---

36. « Le plan #1jeune1solution en faveur de l'emploi des jeunes », rapport public annuel 2022, Cour des comptes.

37. Jacques de Larosière, *40 ans d'égarements économiques. Quelques idées pour en sortir*, Paris, Odile Jacob, 2021.

de 29 000 euros. En 2020, il s'élevait à 34 000 euros en Allemagne, contre 30 500 euros en France. Croissance contre stagnation. Il s'agit donc d'une tendance de fond lourde de conséquences. La France ne produit tout simplement pas suffisamment de richesses pour soutenir les besoins croissants de sa population et tenir son rang dans la mondialisation.

Cette tendance est renforcée par la crise sanitaire, qui a mécaniquement paupérisé les Français. En 2020, on a produit le même niveau de richesse qu'en 2011, avec 3 % d'habitants en plus. Rapporté au nombre d'habitants, chaque Français s'est donc appauvri de 3 250 euros. Cette conclusion statistique mérite d'être nuancée, puisque dans le même temps l'État s'est substitué aux employeurs privés pour assurer le paiement des salaires de millions de Français et pour indemniser les indépendants. Grâce à cette injection massive d'argent public, le pouvoir d'achat a été artificiellement maintenu, et il est difficile de soutenir que cela n'était pas nécessaire : l'État ne peut à la fois obliger les entreprises à fermer et ne pas compenser les dégâts que cette décision provoque.

JEUNES ET PAUVRES : UN PLÉONASME ?

La paupérisation globale de la population, pour relative qu'elle soit, se manifeste avec acuité chez les jeunes. Avant la crise sanitaire, la présidente de l'université Lyon-2, Nathalie Dompnier, déclarait au *Monde* : « Des étudiants dorment dehors, sont en fragilité sur le plan de leur santé, ils n'ont plus les ressources pour vivre décemment ; des étudiants ne peuvent assister à des cours, car ils doivent travailler. Nous avons aussi des étudiants qui ont faim. » La tonalité misérabiliste de ce témoignage ne doit pas en diminuer la portée. En temps « normal » 110 000 jeunes entre 18 et 25 ans bénéficient de l'aide alimentaire des Restos du cœur, chiffre en augmentation constante. Même si ces situations extrêmes ne décrivent pas le sort de l'ensemble de la population étudiante – qui, elle-même, ne représente qu'une partie de la jeunesse –, elles sont le symptôme d'une évolution préoccupante, qui déborde du strict cadre financier : avant la crise sanitaire, un quart des étudiants déclaraient avoir déjà renoncé à se soigner ou à consulter un professionnel de santé pour des raisons financières[38].

Les jeunes d'aujourd'hui connaissent une situation bien plus favorable que celle de leurs parents au même âge. Qu'il s'agisse de leurs revenus, de leur consommation, de leur niveau d'éducation ou de leur espérance de vie, ils n'ont rien à envier aux jeunes des générations précédentes. Mais le grand renversement à l'œuvre depuis les années 1970 est incontestable : la pauvreté est structurellement plus fréquente chez les jeunes que chez les vieux. Le taux de pauvreté monétaire[39] des seniors est particulièrement faible en France : 7,6 % en 2018, contre 15 % pour le reste de la population. Par quel mystère les seniors sont-ils devenus deux fois moins pauvres que leurs concitoyens ? Les plus de 60 ans concentrent 60 % du patrimoine immobilier et 60 % du patrimoine financier des Français. Ce sont aussi eux qui héritent, au décès du second parent. En comparaison, les 18-24 ans sont trois fois plus pauvres que les plus de 65 ans (23 %)[40]. Il a fallu une vingtaine d'années après la mise en place de la Sécurité sociale en 1945 et le rapport Laroque (1962) pour que la génération d'après guerre bénéficie à plein des régimes de retraite obligatoire et des politiques de lutte contre la pauvreté des personnes âgées. En situation de plein-emploi quasi permanente, les baby-boomers ayant commencé à travailler dans les années 1960 ont pu cotiser suffisamment pour maintenir un niveau de vie confortable quand ils sont partis à la retraite dans les années 1990. Par ailleurs, l'instauration du minimum vieillesse (environ 900 euros par mois) évite aux moins favorisés de terminer leur vie dans la misère, ce qui rend parfaitement incongru

38. Sondage Opinion Way pour la MGEN.

39. La pauvreté monétaire est fixée par l'Insee sous le seuil de de 60 % du revenu médian, soit 1 063 euros par mois en 2018. Environ 10 millions de personnes en France (DOM inclus) entraient dans cette catégorie cette année-là.

40. La situation relative des jeunes s'est dégradée au cours des dernières décennies. Entre 1985 et 2005, le taux de pauvreté des moins de 25 ans est passé de 1,2 fois celui de la population générale à 1,4 fois. Pour les 50-65 ans, c'est l'inverse : leur taux de pauvreté est passé de 1,2 à 0,7 fois la moyenne nationale.

le maintien de réductions diverses de la vie courante pour les seniors (musées et cinémas, transports en commun…). L'époque est révolue où, comme dans les années 1960, le minimum vieillesse était à un tiers du salaire minimum. À tel point que le niveau de vie des retraités d'aujourd'hui représente 110 % de celui de la moyenne de la population, en tenant compte de la propriété du logement, alors qu'il était de 70 % en 1970[41]. Si l'on ajoute que la tranche d'âge 65-74 ans est celle qui concentre le patrimoine net médian le plus important – ce qui fait de la France un cas unique parmi les dix pays les plus riches de la zone euro –, on a fait le tour de la question.

UNE SOLIDARITÉ INTERGÉNÉRATIONNELLE À REBOURS

Ce n'est pas l'effet du hasard, mais bien le fruit de politiques publiques qui orientent peu les transferts sociaux vers les jeunes. Relevons d'abord que ces transferts sociaux sont massifs : avec un tiers de la richesse nationale consacrée aux prestations sociales, la France détient le record du monde de la générosité. On sait par ailleurs que les retraites absorbent environ 14 % du PIB de la France, taux le plus élevé des pays de l'OCDE[42]. Mais ce ratio reste relativement abstrait. Une façon de toucher du doigt la réalité des priorités politiques consiste à regarder à quoi sont consacrés 1 000 euros de dépenses publiques financées par l'impôt et les cotisations sociales[43]. Plus de la moitié sont consacrés aux dépenses de protection sociale (574 euros), dont 262 euros pour la vieillesse, 197 euros pour la santé, 95 euros pour l'enseignement et 41 euros pour la politique familiale. Plus d'un quart des dépenses publiques sont donc consacrées aux retraites, ratio

41. Ce taux est en moyenne de 85 % dans les pays de l'OCDE.

42. 13,6 % du PIB si l'on considère uniquement le régime public obligatoire, 13,9 % en intégrant le financement des régimes privés complémentaires (chiffres 2017).

43. « La répartition des dépenses par politique publique de 1995 à 2019 », chiffres cités : 2019. Source : Insee, analyse Fipeco, 13 janvier 2021.

en augmentation de 17 % depuis 1995, tandis que les dépenses liées à la politique familiale ont baissé de 14 % et celles liées à l'enseignement, de 9 %.

Les seniors sont les grands gagnants des transferts sociaux : des départs à la retraite précoces et des taux de remplacement généreux, des dépenses de santé qui, logiquement, augmentent avec l'âge, des dispositifs d'allocation-chômage particulièrement favorables à partir de 55 ans avec trois ans d'indemnisation au lieu de deux ans... Entre 1979 et 2011, les dépenses sociales consacrées aux plus de 60 ans ont bondi de 50 %, passant de 11 % à 17,2 % du PIB, alors que dans le même temps elles ont stagné pour les moins de 25 ans, à seulement 8,7 %, dépenses d'éducation incluses. Et si l'on zoome sur les 18-24 ans, la situation est encore plus critique, puisque les dépenses de protection sociale et d'éducation ne leur ont profité dans cette période qu'à hauteur de 2 % du PIB, niveau stable depuis les années 1980. L'augmentation démographique des plus de 60 ans n'explique pas tout, puisque rapportée au niveau individuel, la hausse a été de 10 points de PIB par tête pour les plus de 60 ans et seulement de 2 points de PIB par tête pour les moins de 25 ans. La France a fait ici un choix singulier, qui est loin d'être une fatalité : avec un vieillissement comparable de sa population, l'Allemagne n'a pas accru ses dépenses individuelles de prestations vieillesse entre 1999 et 2013, alors qu'elles ont augmenté de 53 % en France. On voit aussi que la priorité accordée à l'éducation est largement une fiction, puisqu'entre 1995 et 2010 les dépenses d'enseignement supérieur ont moins progressé en France que dans les pays de l'OCDE : + 50 % dans ces pays, contre + 16 % en France. L'augmentation continue des dépenses sociales s'est donc concentrée sur les plus âgés et les transferts sociaux n'ont pas permis de compenser la dégradation relative de la situation des plus jeunes.

Bien sûr, on pourra objecter que les politiques de la jeunesse dépassent le cadre budgétaire de l'enseignement et de la politique familiale, et englobent le soutien aux loisirs, aux sports, à la culture, les aides personnalisées au logement, l'insertion professionnelle, etc. et qu'il serait vain de chercher à établir des comptes d'apothicaire pour ce qui ressort avant tout d'une politique globale de l'État à l'égard de la population. Certes. Mais cela n'empêche pas d'accorder une attention spécifique à cet âge de la vie où l'on n'est en général plus chez ses parents, mais pas encore autonome. Pour les jeunes, pas de soutien individuel spécifique, à l'exception des APL et des bourses allouées à certains étudiants en fonction des revenus de leurs parents. D'autres pays, dans lesquels les étudiants sont considérés comme des individus autonomes, ont choisi d'individualiser les aides, avec un système plus généreux fait de bourses et de prêts garantis qui permettent d'atteindre l'autonomie financière. En France, le modèle qui prévaut est celui de la «familialisation» des aides sociales, qui est en fait le modèle du «grand enfant», avec un schéma de référence, celui de l'étudiant «scolarisé à temps plein qui vit chez ses parents et ne travaille pas à côté[44]». Ce schéma traditionnel, qui ne correspond plus à la diversité des situations, ne permet pas d'assurer une existence décente pour beaucoup de jeunes qui ne sont plus chez leurs parents mais pas encore en activité professionnelle, et dont les parents ne peuvent pas ou ne veulent pas financer les besoins élémentaires. Enfin, le rôle prépondérant de la famille dans l'accompagnement vers l'âge adulte laisse la porte grande ouverte à la reproduction des inégalités sociales. La famille est ici le substitut boiteux d'un État qui ne joue qu'imparfaitement son rôle.

Si l'on ajoute à cela la demi-part fiscale dont bénéficient les foyers pour les enfants de moins de 25 ans rattachés au foyer fiscal, on voit assez que c'est essentiellement par la famille que les transferts sociaux passent vers les jeunes. Bien sûr, les prestations versées aux familles bénéficient directement aux enfants. Mais dès que le jeune quitte le foyer familial, il est en large partie laissé à lui-même, et plus particulièrement s'il est issu d'un milieu défavorisé. Les Neet qui ne peuvent pas compter sur le soutien familial ont de grandes chances de tomber dans la pauvreté. La crise du Covid est ainsi un accélérateur d'inégalités entre les jeunes. Entre ceux qui étaient déjà sur des trajectoires d'échec et pour lesquels les cours à distance ont rimé avec décrochage et ceux dont les parents ou

44. Tom Chevalier, chargé de recherches au CNRS, *in* «La disparition des jobs étudiants aggrave la précarité des jeunes», *Le Monde*, 17 mars 2021.

les professeurs ont pu assurer le suivi des cours à domicile. Entre les étudiants de grandes écoles ou de classes préparatoires qui ont poursuivi les cours en salle de classe et les étudiants dont les universités ont fermé. Entre ceux qui ont passé leurs examens ou leurs concours chez eux devant un ordinateur, et ceux qui ont subi des épreuves classiques de sélection. Entre ceux dont les parents ont les moyens de les soutenir financièrement et psychologiquement et les autres. Entre les étudiants éligibles aux bourses et ceux qui ont perdu les petits boulots qui leur permettaient d'assurer le quotidien…

Des jeunes plus pauvres, des transferts sociaux peu favorables et en baisse, une insertion dans l'emploi à la merci des subventions publiques. La crise du Covid-19 a amplifié « l'inertie d'un modèle social centré sur la couverture de risques concernant principalement les plus âgés[45] ».

Le Covid-19 : un accélérateur de pauvreté

La crise sanitaire a pesé deux fois plus sur le revenu des 20-25 ans, qui a chuté de 5 % à 10 % depuis l'été 2020, que sur celui de la population générale, qui a – au plus – diminué de 5 %[46]. Mais pour mesurer plus finement l'effet de la crise sanitaire sur le niveau de pauvreté des jeunes, il faut se tourner vers la population étudiante. Un échantillon pas forcément représentatif de l'ensemble de la jeunesse, mais qui en dit long. Avant la crise sanitaire, 20 % des étudiants vivaient déjà sous le seuil de pauvreté, même si cet indicateur est sujet à caution, puisque par définition les étudiants sont nombreux à ne pas exercer un emploi, à la différence des actifs[47]. 61 % cumulent tout de même études et emploi, et travaillent à temps partiel dans le commerce, la livraison,

45. « Jeunesse, vieillissement : quelles politiques ? », France Stratégie, mars 2016.
46. Étude du Conseil d'analyse économique, janvier 2021.
47. Notons à cet égard que le revenu moyen des étudiants était de 835 euros en 2016 selon l'Observatoire de la vie étudiante, ce qui est loin d'être négligeable.

la restauration ou la garde d'enfants, autant de petits boulots dont la raréfaction – la diminution des offres est estimée à un tiers – a touché les jeunes les plus fragiles financièrement. Pour ceux-là, la pilule est amère. Un rapport parlementaire de décembre 2020 sur l'effet de la crise sanitaire sur les jeunes indique que 38 % des étudiants ont dû abandonner leur activité rémunérée pendant le premier confinement, et que 21 % ont été contraints de moins travailler. Une autre enquête de l'Observatoire de la vie étudiante indique que 36 % de ceux qui travaillaient ont subi une baisse de revenus estimée en moyenne à 274 euros par mois pendant le premier confinement[48].

Dans cette période, les Crous ont distribué des aides d'urgence à 62 000 étudiants, contre 45 000 en 2019. De nombreuses mesures de soutien ont été adoptées : gel des loyers des résidences étudiantes, prolongation des bourses, aide ponctuelle de 150 euros pour les 750 000 boursiers ; deux repas à 1 euro par jour dans les restaurants universitaires, doublement des fonds d'aide d'urgence... Un saupoudrage qui laisse un goût amer. Il a permis à certains de garder la tête hors de l'eau, mais les files d'attente devant les banques alimentaires laisseront des traces chez ceux qui ont dû en subir l'humiliation. Entre mars et septembre 2020, les épiceries solidaires lancées par la Fédération des associations générales étudiantes (Fage) ont accueilli autant de bénéficiaires que pendant les dix années précédentes[49]. Au printemps 2021, le ministre de l'Agriculture a lancé l'idée d'un chèque alimentaire de 50 euros par mois à destination des 18-25 ans en « situation d'inégalité nutritionnelle » (*sic*), pour leur donner « accès à plus de produits de qualité, frais, locaux ». Tant de sollicitude émeut. Mais les jeunes attendent-ils de l'État qu'il leur fasse l'aumône d'un panier de courgettes bio produites à moins de 5 kilomètres de chez eux ? Ou qu'il leur permette de devenir autonomes grâce à leurs études et à leur emploi ?

Depuis 2022, et malgré l'embellie sur le marché de l'emploi, l'inflation pèse lourdement sur les produits de première nécessité,

48. Observatoire de la vie étudiante, enquête publiée le 28 janvier 2021.
49. « La disparition des jobs étudiants aggrave la précarité des jeunes », art. cit.

avec des augmentations de prix pouvant aller au-delà de 20 % (huile, pain, pâtes, produits frais...). Cette situation rend indispensable le recours à des banques alimentaires pour une grande partie des jeunes qui ne sont plus chez leurs parents. C'est pourquoi la distribution compulsive d'aides dans l'urgence cache mal le dysfonctionnement d'un système révélé au grand jour par une crise qui ne permet plus d'en cacher la fragilité. Un système qui infantilise les étudiants en les maintenant sous la dépendance de leurs parents – quand ceux-ci peuvent subvenir à leurs besoins – et ne leur permet pas d'organiser leur autonomie financière si le milieu familial leur fait défaut.

2.5 – La guerre des générations aura-t-elle lieu ?

La crise du Covid-19 a d'abord accru les inégalités patrimoniales entre générations. Faute d'occasions de dépenser et par mesure de précaution, les ménages ont mis de côté 21 % de leur revenu disponible en 2020, contre 15 % en temps normal. 200 milliards d'euros auraient ainsi été épargnés. Mais cette accumulation ne concerne évidemment que les ménages qui ont pu préserver des revenus existants et stables, salariés du privé ou de la fonction publique, détenteurs de patrimoine foncier ou boursier et retraités en particulier. Ce sont les mêmes, qui bénéficiant des taux d'intérêt particulièrement bas, ont pu faire l'acquisition de biens immobiliers, alimentant la hausse des prix. La crise du Covid-19 a donc à la fois accentué l'inégalité des revenus et celle des patrimoines. En résumé, après deux années de crise les *insiders* ont consolidé leurs positions, tandis que les *outsiders* – au premier plan desquels les jeunes – ont perdu un terrain qu'ils mettront des années à reconquérir. Cette dimension patrimoniale est bien réelle mais presque anecdotique par rapport aux implications profondes de la crise sanitaire sur le plan anthropologique.

Le coût caché du confinement

Christian Gollier, directeur de Toulouse School of Economics (TSE), a été parmi les premiers économistes à tirer la sonnette d'alarme à propos de la politique du « quoi qu'il en coûte », qui a justifié toutes les décisions de lutte contre l'épidémie :

> Cette formule repose implicitement sur l'idée que défendre la vie vaut tous les sacrifices. Mais cette idée s'est renversée après le premier confinement, l'exécutif a compris qu'il avait peut-être donné trop de valeur à la dimension sanitaire, et pas assez aux conséquences économiques et sociales d'un confinement dur. Détruire l'économie, cela crée aussi des drames humains[50].

Le *think tank* Génération libre a objectivé cette déclaration de bon sens en faisant état d'un bilan humain globalement négatif du confinement[51]. Entre mars 2020 et avril 2021, 500 000 années de vie ont été sauvées (100 000 morts évitées, avec cinq ans de vie supplémentaire pour des « victimes » potentielles d'un âge moyen de 81 ans), contre 1,2 million d'années de vie perdues du fait de la récession économique, qui a un impact sur l'espérance de vie (baisse des revenus, pertes d'emploi, suicides...). Au-delà de la bataille de chiffres – les récessions font aussi diminuer à court terme le stress ou les accidents de la circulation et du travail –, un tel écart entre les bénéfices immédiats du confinement et ses effets à long terme montre que l'avenir a été sacrifié sur l'autel du présent.

Si le constat vaut pour tout le monde, il est encore plus pertinent pour les jeunes. Et en particulier quand on avance sur le terrain – éthiquement miné mais indispensable – de l'équation économique. Quel est le coût d'une vie sauvée ? Quel est le prix d'une vie gâchée ? Contrairement aux idées reçues, la vie a un

---

50. « Face au risque sanitaire, l'impossible pari du "quoi qu'il en coûte" », *Le Monde*, 31 mars 2021.

51. « Covid-19 : analyse coûts-bénéfices des confinements », Génération libre, mai 2021.

prix – plus exactement une valeur statistique – chiffré par les économistes de l'ancien Commissariat au plan à environ 3 millions d'euros[52]. Pour les assureurs, ce prix varie à la hausse ou à la baisse en fonction de l'âge et du niveau de revenus. On pourrait donc pousser l'exercice à son terme, qui consisterait à calculer le coût d'une « vie sauvée », qui intégrerait à la fois les coûts médicaux directs et les coûts sociaux indirects. On verrait rapidement que ce coût excède bien souvent la valeur statistique d'une vie. Cette logique est bien sûr bassement comptable et purement théorique : il est, sur le plan moral comme pratique, impossible d'en tirer des conséquences, sauf à considérer qu'il faudrait cesser de soigner certains malades ou accidentés. Mais on peut déplorer l'unilatéralisme de la décision publique face au Covid-19. Le Conseil scientifique, nommé en mars 2020 pour éclairer les choix du gouvernement ne comptait aucun économiste, ce qui explique peut-être la propension à raisonner – du moins dans les premiers temps – en coût épidémiologique et non pas en coût global.

En 2020, à peu près un habitant sur mille a été victime du virus, ce qui peut paraître suffisamment inquiétant pour justifier des mesures drastiques. Mais la démographie des personnes malades et décédées raconte une autre histoire, comme le souligne le démographe Hervé Le Bras. Selon lui, les chiffres permettent de nuancer fortement la gravité de l'épidémie[53]. 59 % des personnes décédées du Covid-19 entre mars 2020 et janvier 2021 étaient âgées de plus de 80 ans, pourcentage à comparer avec les 61 % de ces mêmes personnes de plus 80 ans composant les décès totaux en 2018. La mortalité due au Covid-19 montre donc une grande proximité avec la mortalité générale, toutes causes confondues. En d'autres termes, les personnes âgées meurent davantage du Covid-19 que les autres, mais pour une bonne raison : elles meurent tout simplement plus que les autres, comme dans la plupart des épisodes de grippe saisonnière ou de canicule.

52. « Éléments pour une révision de la valeur d'une vie humaine », Commissariat général à la stratégie et à la prospective, 2013.

53. Hervé Le Bras, « La crainte engendrée par le virus semble inversement proportionnelle à sa létalité », *Le Monde*, 10 février 2021.

Hervé Le Bras en tire deux conclusions. D'abord, il n'y a pas eu de surmortalité des personnes âgées. Ensuite la conséquence de l'épidémie a été de faire perdre sept mois d'espérance de vie, ce qui, comparé aux vingt ans d'augmentation de l'espérance de vie depuis 1946, permet de relativiser la gravité de l'épidémie. Il ne s'agit pas seulement de froids calculs de statisticiens sans cœur. Des témoignages, aussi éclairants que dérangeants, viennent confirmer que gagner ou perdre quelques mois de vie au-delà d'un certain âge est plus affaire d'appréciation personnelle que de politique publique. C'est le cas parmi les 20 % des résidents d'Ehpad qui ont refusé d'être vaccinés, non pas par crainte du vaccin, mais parce qu'ils considèrent leur propre mort comme un processus naturel[54].

LA PRÉFÉRENCE FRANÇAISE POUR LES VIEUX

Ce n'est évidemment pas une raison pour ne rien faire. Mais de même qu'en 2003 on n'a pas interdit à toute la population française de marcher au soleil malgré la canicule qui a fait 15 000 morts parmi les personnes âgées, pourquoi avoir imposé à 67 millions de Français de rester chez eux 23 heures sur 24 ? Soyons clairs : avec 115 000 morts en septembre 2021, il était difficile de plaider pour une protection sanitaire *light*, faite de seules recommandations, reposant sur le civisme et la responsabilité individuelle. On peut tout de même regretter que le débat sur la différenciation entre populations n'ait jamais eu lieu, par exemple pour protéger les 6 millions de plus de 75 ans et les personnes atteintes de comorbidités, par un confinement strict auquel les autres auraient pu partiellement échapper. Mais encore une fois, une conception dévoyée de l'égalité a tué le débat dans l'œuf, à l'origine de la même logique stupide qui a conduit à interdire aux Français de se promener dans la forêt, en montagne ou sur des plages désertes au printemps 2020 sous prétexte que tous n'y avaient pas accès.

---

54. « Dans les Ehpad, les raisons de 20 % de refus de vaccination », *Le Monde*, 6 février 2021.

L'éditorialiste Christophe Barbier[55], comme le philosophe André Comte-Sponville avant lui[56], a fort justement pointé les limites d'une civilisation pour laquelle le souverain bien serait de préserver coûte que coûte la vie des plus âgés : « Que les vieux meurent, c'est un chagrin, pas un scandale [...]. Une nation qui immole ses jeunes à ses vieux n'est pas une nation généreuse, c'est une nation morte. » De là à penser que pour préserver à tout prix les seniors, la France a volontairement sacrifié sa jeunesse, il n'y a qu'un pas que certains n'hésitent pas à franchir. Il serait cependant absurde de soutenir que ce choix procède d'une volonté délibérée. La « préférence française pour les vieux » est à la fois le symptôme d'un pays structurellement vieillissant et le fruit d'un modèle de société conservateur qui privilégie la préservation de l'existant sur l'audace des commencements. Notons au passage que les 73 000 morts annuels du tabagisme, dont les coûts sociaux sont évalués à 120 milliards d'euros par an (couverts par seulement 16 milliards d'euros de recettes fiscales issues de la vente de cigarettes) ne donnent pas lieu à autant de mobilisation. C'est pourtant l'équivalent de la population de Calais qui est rayée de la carte tous les ans.

En 2011, seul un quart des jeunes de 18 à 24 ans estimait que notre société privilégiait les plus âgés au détriment des plus jeunes[57]. En 2021, 56 % des Français déclaraient craindre un conflit de générations entre jeunes et vieux[58]. La légèreté et la dérision attachées à l'expression « OK Boomer », qui a fleuri sur les réseaux sociaux en 2019, paraissent désormais bien loin. La « fin des relations amicales entre générations » a sonné, comme le relevait le *New York Times* en 2020. Le risque de rupture est bien là, alimenté par des choix politiques qui ont accentué le déséquilibre.

---

55. Christophe Barbier, *Les Tyrannies de l'épidémie*, Paris, Fayard, 2021.
56. André Comte-Sponville, voix courageuse et dissonante, avait dès le printemps 2020 fait part de son scepticisme quant au choix du confinement, pointant qu'on ne peut pas indéfiniment subordonner l'avenir des jeunes à la santé de leurs aînés.
57. Enquête du Crédoc, 2011.
58. Sondage Odoxa pour le Cercle vulnérabilités et société, février 2021.

Le sentiment que l'on a sacrifié une génération pour en sauver une autre dépasse largement le ressentiment ou le goût de la provocation qui pourrait émaner des seuls jeunes, puisque 81 % des Français estiment que « les jeunes et les étudiants sont les plus mal pris en compte dans les décisions gouvernementales[59] ». Donnée intéressante, 80 % des plus de 65 ans partagent la même opinion, signe qu'ils sont conscients des difficultés dans lesquelles la génération montante se débat. Seraient-ils prêts pour autant à consentir des sacrifices pour corriger le tir ? Rien n'est moins sûr, mais la question mérite d'être posée. Un débat aurait pu émerger, par exemple, sur la possibilité d'accorder la priorité à la vaccination aux lycéens et aux étudiants pour leur permettre de reprendre les cours tout en incitant les plus vieux et les plus fragiles à rester chez eux. L'immense gâchis de l'année 2020 aurait ainsi été évité pour une partie de la population.

★★★

En 2008, en pleine crise financière mondiale, un jeune et brillant inspecteur des finances, Emmanuel Macron, remettait un rapport de 451 pages au Conseil des prélèvements obligatoires[60]. Le rapport reconnaissait la déformation des transferts sociaux en faveur des plus de 60 ans mais, dans un style inimitable, se retranchait prudemment derrière la nécessité d'analyses complémentaires et l'urgence… de ne rien faire : « Ainsi l'équité intergénérationnelle ne saurait être un objectif en soi mais doit plutôt être considérée comme une grille de lecture de la politique fiscalo-budgétaire à prendre en compte dans des arbitrages multiples qui ne doivent toutefois induire d'inéquité trop manifeste entre générations. » Comprenne qui pourra, mais la conclusion ne faisait aucun doute : on ne saurait « faire de l'équilibre entre générations un objectif de

59. *Ibid.*

60. « La répartition des prélèvements obligatoires entre générations et la question de l'équité intergénérationnelle », Conseil des prélèvements obligatoires, novembre 2008.

premier rang des grands choix de politique fiscale, budgétaire et sociale. » Une crise financière et une crise sanitaire plus loin, on voit à quelle impasse ce choix conduit quand des circonstances exceptionnelles aggravent des déséquilibres déjà profonds.

Les pouvoirs publics sont-ils suffisamment mobilisés pour la jeunesse ? Qui peut dresser le bilan de Sarah El Haïry, secrétaire d'État à la jeunesse depuis 2020 ? La réponse est dans la question. Qui est-elle ? Que fait-elle ? Que veut-elle ? Quels sont ses réseaux ? a-t-on envie de demander pour caricaturer les couvertures de la presse à sensation. Mystère. La distance qui sépare le discours politique de la réalité vécue est cruelle : en 2021, 82 % des jeunes en recherche d'emploi pensaient que le gouvernement n'en avait pas fait assez pour soutenir les jeunes en difficulté[61]. Peu à peu, les éléments du puzzle se mettent en place, et dessinent le visage d'une France morcelée et sous haute tension. La fracture générationnelle pourrait peser lourdement sur l'avenir politique du pays. Une fracture qui recoupe et amplifie les habituels clivages territoriaux, économiques et sociaux, et qui alimente dangereusement la tentation populiste.

61. Sondage Ipsos pour la Fage, mars 2021.

Troisième partie

LE SÉISME POLITIQUE QUI VIENT

Nager dans les eaux troubles
Des lendemains
Attendre ici la fin
Flotter dans l'air trop lourd
Du presque rien
À qui tendre la main
[...]
Mais rien n'a de sens
Et rien ne va

Tout est chaos
À côté
Tous mes idéaux, des mots abîmés
Je cherche une âme, qui
Pourra m'aider
Je suis
D'une génération désenchantée
Désenchantée

Mylène Farmer, Désenchantée, *1991.*

La crise sanitaire n'est pas la première ni la dernière des difficultés que rencontreront les jeunes des années 2020, mais elle s'est déployée sur un terrain structurellement fragile et elle a façonné une expérience commune. Qu'est-ce qui fait une génération politique ? Les sociologues s'accordent en général sur quelques traits distinctifs, comme le fait de vivre des événements de grande ampleur, tragiques ou mobilisateurs. Quelque mois seulement après le déclenchement de l'épidémie, l'expression « génération Covid » s'est déjà imposée dans le langage courant, même si elle demande à être plus rigoureusement définie. La cohorte des 16-24 ans a d'ores et déjà forgé son identité autour d'un épisode inédit de l'histoire humaine récente. Reste à savoir si cette génération passera du statut d'objet (ou de victime) à celui de sujet agissant. Beaucoup dépendra de facteurs qui dépassent la dimension générationnelle.

On compare de plus en plus la période actuelle avec l'entre-deux-guerres, la crise du Covid ayant le même effet de fragilisation sociale, morale et économique que la crise de 1929. Fort heureusement, la plupart des États ont réagi de façon bien plus déterminée et coordonnée que dans les années 1930 pour éviter l'effondrement économique et l'explosion de la pauvreté. Mais la montée inexorable des risques climatiques (incendies géants en Australie, tornades, inondations...), financiers (que l'on songe à la bulle immobilière et technologique, aux montagnes de dettes publiques, à la spéculation sur les cryptomonnaies...), la déstabilisation des démocraties libérales par les régimes autoritaires, la polarisation de la vie politique et le retour de la guerre en Europe nous rappellent que nos démocraties sont fragiles. La paix civile et la prospérité se gagnent tous les jours, et d'abord avec et pour ceux qui se vivent comme les perdants des dernières années, parce que le sentiment d'injustice et l'impuissance sont des sources d'amertume intarissables. En 2021, 71 % des étudiants et des jeunes diplômés disaient appartenir à « une génération sacrifiée au nom de la sécurité sanitaire[1] », avec la conscience claire d'un avenir obéré par la légèreté des générations adultes. C'est ce qui ressort sporadiquement à l'occasion des marches pour le climat, avec des slogans aussi explicites que : « Vous avez volé notre avenir. » L'exacerbation des revendications dans une France

1. Sondage Ipsos pour la CGE, réalisé en mars-avril 2021 auprès de 2 255 personnes.

fragmentée façon puzzle ne tardera pas à mettre face à face perdants et gagnants, *insiders* et *outsiders*, précaires et insérés, jeunes et vieux, actifs et retraités. C'est un cocktail particulièrement explosif, qui risque de réactiver les braises mal éteintes de l'ancestrale démangeaison révolutionnaire hexagonale.

Quelles peuvent être les conséquences politiques de cette situation ? Une étude récente du FMI réalisée à partir des données de 130 pays depuis 1985 montre qu'à la suite d'une grave épidémie les crises politiques et sociales majeures ne se manifestent pas toujours rapidement, mais dans les deux années qui suivent[2]. Dans son ouvrage majeur paru en 1970, Albert Hirschman évoque trois attitudes face à une situation d'insatisfaction, que l'on soit un client, un employé ou un citoyen : le consentement (*loyalty*), l'interpellation (*voice*) ou la sortie (*exit*)[3]. C'est autour de ces trois attitudes que vont se structurer les suites politiques de la crise pandémique. Le consentement est improbable. L'interpellation est vécue comme inutile. Reste la sortie, sous la forme d'une sécession qui ne sera pas seulement symbolique.

Dans un pays qui n'a pas connu de guerre depuis quatre-vingts ans ni de changement de régime depuis plus de soixante ans, la guerre des générations peut prendre de multiples formes. Mais il y a fort à parier que sa matrice consistera avant tout à refuser l'héritage empoisonné des baby-boomers.

3.1 – Le mur de la dette : n'oubliez pas l'addition

La dette est probablement le plus grand impensé politique des dernières années. À partir de mars 2020, la *pompe à phynance* a fonctionné à plein pour reprendre l'expression d'Alfred Jarry dans *Ubu roi*. En seize mois de pandémie (mars 2020-juillet 2021),

---

2. Philippe Barrett, Sophie Chen et Nan Li, « La Covid sur le long-terme : les répercussions sociales des pandémies », IMF Research Perspectives, juin 2021.

3. Albert Hirschman, *Exit, Voice and Loyalty : Responses to Decline in Firms, Organizations and States*, Harvard, Harvard University Press, 1970.

l'État a engagé 230 milliards d'euros, soit 10 % du PIB, en subventions et prêts. La promesse du « quoi qu'il en coûte » s'est refermée sur l'exécutif comme un piège parfait, faisant bondir la part des dépenses publiques dans le PIB de 56 % à 62 % en un an, au prix d'un déficit et d'un endettement colossaux. La dictature du court terme semble avoir annihilé toute critique possible de cette pluie d'argent public. Quelles sont les conséquences d'un tel choix pour les générations futures ?

Quoi qu'il en coûte : le piège parfait

Dans son allocution annonçant le premier confinement en mars 2020, Emmanuel Macron reprend la formule qu'avait utilisée Mario Draghi, alors président de la BCE[4], au plus fort de la crise de l'euro : « Tout sera mis en œuvre pour protéger nos salariés et nos entreprises. Quoi qu'il en coûte. » Rassurante face à une épreuve inédite, cette formule a sonné comme un engagement intangible : l'argent coulera à flots pour compenser l'arrêt volontaire de l'économie. La formule vient très exactement démentir l'affirmation pleine de bon sens que le même Emmanuel Macron avait utilisée pour répondre à l'interpellation d'une soignante du CHU de Rouen deux ans auparavant : « À la fin, les moyens, c'est vous qui les payez aussi. Il n'y a pas d'argent magique. »

L'addition est vertigineuse. Le déficit public de 2020 est le plus lourd depuis 1949, à 9,2 % du PIB contre 2,3 % en 2018. La facture du Covid sur les trois années 2020 à 2022 s'élève à 425 milliards d'euros, en incluant les mesures de soutien aux entreprises, à l'emploi, les dépenses de santé, le manque à gagner en recettes fiscales et le plan de relance. À titre d'exemple, les mesures de chômage partiel ont coûté 27 milliards d'euros à l'État en 2020. Le confinement du printemps 2021, avec la fermeture des écoles et de 150 000 commerces, a coûté 11 milliards d'euros par mois (fonds de solidarité pour les commerçants et les indépendants,

4. En 2012, Mario Draghi avait ramené le calme sur les marchés financiers en affirmant que l'euro serait protégé « *whatever it takes* ».

chômage partiel pour les 2,3 millions de salariés concernés et exonérations de cotisations sociales). En face, les recettes ont fondu : – 20 % pour l'impôt sur les sociétés et – 10 % pour la TVA en 2020. Mais la magie de l'argent gratuit a fait son œuvre : malgré la pire récession économique depuis la Libération, le pouvoir d'achat des Français s'est maintenu pendant le confinement, et a augmenté sur la période 2017-2021. On ne peut évidemment pas souhaiter que la population tombe dans la misère et rares sont les pays industrialisés qui n'ont pas pris de mesures similaires – mêmes les États-Unis de Donald Trump, peu réputé pour sa fibre sociale. Mais la France, à la différence des États-Unis, ne peut pas faire tourner la planche à billets, euro oblige. Et encore moins, comme l'Allemagne, compter sur des excédents budgétaires pour financer le soutien à l'économie sans dégrader ses comptes publics. Emprunter sur les marchés est donc la seule option, avec à la clé une augmentation spectaculaire de la dette publique, qui a bondi de 20 % en une année pour dépasser 113 % du PIB en 2021, contre 98 % au niveau mondial. Avec un quart de la dette totale, la France est le premier emprunteur de la zone euro. La divergence avec l'Allemagne, endettée à hauteur de 70 %, a de quoi inquiéter pour l'équilibre de la zone euro, alors que les deux pays avaient un niveau similaire d'endettement au début des années 2000. Selon le rapport remis par Jean Arthuis[5], à politique inchangée et avec une croissance économique annuelle de 1 %, la dette publique atteindra 150 % du PIB en 2030. En réalité, la crise du Covid-19 a légitimé l'addiction de la classe politique française à la dépense publique, tous partis confondus. « Je dépense donc je suis » semble être leur cri de ralliement, poussé avec une belle unanimité par les candidats à l'élection présidentielle en 2022.

La notion d'endettement raisonnable est difficile à définir, tant son niveau dépend des conditions de financement et des capacités de remboursement, facteurs conjoncturels (les taux d'intérêt, la croissance mondiale) autant que structurels (la capacité productive propre à un pays). À la question : « Jusqu'à quel niveau

---

5. Commission pour l'avenir des finances publiques présidée par Jean Arthuis, mars 2021.

un pays peut-il s'endetter ? », nombreux sont donc les économistes qui répondent d'un prudent « ça dépend ». Les optimistes rappellent que le dépassement du seuil de 100 % du PIB fin 2019 n'a pas provoqué de panique sur les marchés financiers. Il reste que l'usage de cette dette est pour le moins contestable, et c'est là le cœur du sujet : 80 % de la dette sert à financer des dépenses de fonctionnement. C'est l'outil magique pour s'exonérer de toutes les contraintes de bonne gestion. Quand on s'endette sans limites, la tentation est forte d'augmenter les dépenses au lieu de baisser les impôts ; d'engager des dépenses qui deviennent pérennes et sur lesquelles il est politiquement impossible de revenir ; de faire comme si la contrainte des marchés avait disparu ; de combler à fonds perdu le déficit des retraites et de l'assurance maladie au lieu d'investir.

Cette addiction à la dette improductive est une constante depuis quarante ans. Jacques de Larosière, dresse un portrait sans concessions du patient français, dont l'état s'aggrave brutalement avec la pandémie, faute d'avoir engagé un traitement dans les temps :

> Sur le mol oreiller où nous nous reposons trop souvent, nous avions l'impression d'avoir un système économique capable de résister à un choc exogène, et un système de santé très performant. Le coronavirus nous a brutalement réveillés [...] car l'épidémie frappe moins les gens bien portants que les obèses, sur le plan économique comme sur le plan sanitaire. [...] C'est l'état du malade avant la pandémie qui est important[6].

En l'occurrence, La France se distingue, avant même la crise du Covid-19, par son incapacité à remettre ses finances publiques en ordre. La date est connue : le dernier budget en excédent de la France date de 1973. En 1975, la dette publique ne représentait que 20 % du PIB. En 2005, Michel Pébereau, dans un rapport qui

6. Jacques de Larosière, interview aux *Échos*, 22 janvier 2021.

a fait date, alertait sur le risque de dérive des comptes publics[7] : le pays est alors endetté à hauteur de 1 100 milliards d'euros, soit 65 % du PIB. Cette timide prise de conscience a été suivie de peu d'effets, puisque la dette a continué de monter pour atteindre plus de 96 % du PIB en 2015, en particulier sous l'effet de la crise financière de 2008-2009. En 2022, la France porte près de 3 000 milliards d'euros de dettes. Le jour de sa naissance, un petit Français doit déjà rembourser plus de 45 000 euros. La mise en perspective de cette somme avec le salaire médian, autour de 20 000 euros par an, est cruelle.

L'ILLUSION DE L'ARGENT GRATUIT

Bien sûr, les taux d'intérêt proches de zéro – voire négatifs – des dernières années, ont rendu l'endettement peu coûteux[8]. C'est ce qui a permis à la France, deux fois plus endettée qu'il y a dix ans, de payer moins d'intérêts : 38 milliards d'euros en 2021 contre 45 milliards d'euros en 2011. En 2020, l'État français a même gagné de l'argent en empruntant 260 milliards d'euros à taux négatif. À tel point qu'en 2021, l'État envisageait de se financer davantage par la dette que par l'impôt, ce qui ne s'était jamais vu. Ces temps bénis sont derrière nous. Avec le retour de l'inflation, l'anomalie de l'argent gratuit a pris fin. La BCE a commencé à augmenter les taux d'intérêt pour contenir l'inflation, comme le veut son mandat. François Villeroy de Galhau, gouverneur de la Banque de France, rappelle que chaque 1 % de hausse des taux d'intérêt représente à terme un coût annuel supplémentaire de 40 milliards d'euros, soit le budget actuel de la Défense. Les exemples récents de pays étranglés par des dettes qu'ils ne peuvent pas rembourser (Argentine, Grèce, Italie…) ne donnent pas envie de suivre leur voie. Comme souvent, ce sont

7. « Rompre avec la facilité de la dette publique », rapport de la commission présidée par Michel Pébereau, ministère des Finances, 2005.

8. La France a emprunté à dix ans à 0,19 % en moyenne en 2019, et à – 0,14 % en 2020.

les plus fragiles qui paient le plus lourd tribut. À court terme, un pays à la merci de ses créanciers est un pays qui brade ses actifs, qui réduit les retraites, qui licencie ses fonctionnaires et dont la jeunesse n'a d'autre option que l'exil. À long terme, c'est un pays qui abandonne sa souveraineté et n'investit plus dans son avenir : éducation, santé, transition écologique… Jean Peyrelevade décrit la spirale implacable de l'argent gratuit qui mène à la catastrophe : « Du système de Law aux assignats, de Louis XV à la Révolution, le même mécanisme apparaît : on crée de la monnaie, beaucoup trop de monnaie, pour résorber l'excès d'endettement de l'État et on finit par basculer dans une crise encore plus profonde. […] Chaque fois qu'un émetteur de monnaie […] agit dans son intérêt propre […] la faillite par excès se rapproche[9]. »

En pleine pandémie, le débat sur le remboursement de la dette a été, par bien des aspects, lunaire. D'un côté, ceux, irresponsables, qui plaident pour son non-remboursement. Cette procédure porte un nom : défaut souverain. Recette imparable pour détruire la confiance des investisseurs dans la France et son statut international. L'option de son rachat par la BCE n'est pas plus crédible : elle ruinerait le crédit de la BCE et c'est, de toute façon, une pratique interdite par les traités européens. Quant à la solution de cantonnement de la dette Covid avec un objectif d'apurement en 2042, envisagée par Bercy et le Haut-Commissariat au plan[10] et justifiée par le caractère exceptionnel de la crise, c'est un jeu cosmétique à somme nulle qui permet de présenter des ratios plus décents à la Commission européenne. On peut en différer le remboursement, mais une dette reste une dette, Covid ou non, et il faudrait de toute façon l'apurer avec une recette fiscale existante (laquelle ?) ou nouvelle (*horresco referens* !). Et rien ne garantit qu'un gouvernement pressé de mettre la poussière sous le tapis ne logerait pas dans cette structure d'amortissement des dettes qui

9. Jean Peyrelevade, « Ne pas rembourser la dette Covid est une insulte à l'histoire », *Les Échos*, 10 février 2021.

10. Le Haut-Commissariat au plan a proposé de cantonner la dette Covid pour dix ans, et de contracter une « dette de reconstruction » de l'ordre de 450 à 600 milliards d'euros sur quatre ans.

n'ont qu'un lointain rapport avec la crise sanitaire. Par ailleurs, les exemples similaires, comme la Caisse d'amortissement de la dette sociale (Cades), ne plaident pas en faveur d'une nouvelle structure, théoriquement temporaire mais pratiquement éternelle. Créée en 1996 pour apurer les déficits de la Sécurité sociale grâce à un impôt provisoire (la CRDS), elle était censée disparaître en 2009. Mais les nouveaux emprunts de la Sécurité sociale ont été transférés treize fois de suite à la Cades. Après avoir été prolongée une première fois jusqu'en 2025, l'explosion des déficits sociaux dus au Covid a poussé le gouvernement à étendre son existence – et celle de l'impôt associé – jusqu'en 2033. Le cantonnement est donc le meilleur moyen de repousser indéfiniment le remboursement d'une dette hors de contrôle. Les promesses n'engagent que ceux qui y croient.

Croissance, dépenses et impôts sont dans un bateau

En ce printemps 2021, l'euphorie est de mise. Bruno Le Maire, ministre de l'Économie, promet des lendemains qui chantent: « Regardez nos résultats à la sortie du premier confinement: nous avons eu 18 % de croissance au troisième trimestre, le taux le plus élevé de l'Union européenne! Croyez-moi, nos fondamentaux sont solides; nous saurons rebondir[11]. » Selon lui, la dette sera remboursée grâce à trois leviers: le retour de la croissance, la maîtrise des dépenses publiques et la réforme des retraites. On aimerait y croire. La croissance, après un retour en fanfare en 2021 (7 %), a commencé à s'essouffler en 2022 (2,5 % prévus), sous l'effet de la guerre en Ukraine. La stagflation menace, mélange toxique de stagnation et d'inflation, amplifiée par la baisse de la consommation et l'explosion des prix de l'énergie. Avant même la guerre en Ukraine, les économistes d'Euler Hermès ont calculé qu'avec le taux de croissance constaté entre 2000 et 2019, la France mettrait soixante-sept ans à retrouver son niveau d'endettement d'avant

11. Interview au *Journal du dimanche*, 4 avril 2021.

crise[12], ce qui montre bien l'effet cliquet de l'endettement : il est facile d'ouvrir le robinet, mais la baignoire se remplit toujours plus vite qu'elle ne se vide. Deuxième levier, la maîtrise des dépenses publiques, dont le poids largement supérieur aux recettes nécessite le recours à l'endettement. Depuis des décennies, on attend vainement des décisions radicales de simplification administrative et d'amaigrissement de la sphère publique, à la fois dans le champ social et du côté des collectivités territoriales, régulièrement épinglées par les Chambres régionales des comptes pour leurs pratiques dispendieuses. En réalité, on n'ose même plus parler de *réduction* des dépenses publiques. On essaie juste de faire croire qu'on va les *maîtriser*, c'est-à-dire ralentir leur progression. C'est d'ailleurs le point commun évident entre la dépense publique et le réchauffement climatique : on promet de limiter la hausse des températures à 1,5 degré comme on promet de limiter la croissance annuelle de la dépense publique à moins de 1 %. Avec la même inefficacité. De fait, les dépenses ont augmenté de 16 points en 40 ans, passant de 46 % du PIB en 1980 à 62 % en 2020, record de l'Union européenne, dont la moyenne est 10 points en dessous. Entre 2010 et 2019, les dépenses publiques ont augmenté de 27 milliards d'euros par an. Est-il crédible de fonder le rétablissement des comptes publics sur une modération de la hausse des dépenses à 0,8 % par an, telle que promise par le vainqueur de la présidentielle 2022, au moment où les besoins se multiplient (santé, nucléaire, transition écologique…) et où il est politiquement inconcevable de réduire les dépenses sociales[13] ? Les dépenses nouvelles de 50 milliards d'euros promises par Emmanuel Macron pour son second mandat, pudiquement appelées « effort budgétaire », devront aussi être financées autrement que par la dette. La prudence des responsables politiques est renforcée par les enquêtes d'opinion, qui montrent que les Français, bien qu'inquiets du niveau d'endettement du pays, ne veulent réduire aucune dépense. Le bilan de cette paresse généralisée est une dépense publique en hausse moyenne de 3 %

---

12. « Les pays européens mettront des décennies à rembourser la dette Covid », *Les Échos*, 21 mai 2021.

13. En trente ans, un effort de – 0,4 % n'a été observé qu'une seule année.

par an ces vingt dernières années. Pire encore, indépendamment des dépenses liées à la crise sanitaire, l'augmentation a été de 5 % en 2020. L'institut Montaigne a évalué à 15 milliards par an la baisse de dépenses nécessaire pour stabiliser la dette à la fin du second quinquennat d'Emmanuel Macron. Il n'y a pour l'instant aucune mesure qui laisse penser que la France s'engagera dans cette trajectoire, en particulier quand on observe la multiplication des aides conjoncturelles (indemnité inflation, chèque énergie...) et le coût du réarmement face aux menaces géopolitiques. Quant au troisième levier, celui de la réforme des retraites, il s'est une première fois fracassé sur le mur de violentes manifestations fin 2019, avant de passer aux oubliettes avec le Covid. Inscrite au programme du second quinquennat d'Emmanuel Macron, la réforme reste sujette à concertation avec les syndicats et à débat parlementaire avant d'être mise en œuvre. Autant d'incertitudes fortes sur la capacité à maîtriser l'endettement du pays.

Reste l'hypothèse explicitement exclue par le président de la République pour le quinquennat 2022-2027 : celle de hausses d'impôt pour les entreprises et les particuliers. Pour cela, il faudra résister à l'obsession de taxer les plus riches, qui revient régulièrement. Louis Gallois propose par exemple un prélèvement exceptionnel pendant deux ans sur les 20 % de Français les plus aisés. Recette imparable pour que ceux-ci augmentent leur épargne au lieu de consommer et contribuent ainsi à l'atonie de la croissance, avec un oubli de taille : celui d'un montant record de prélèvements obligatoires, qui représentent 44,7 % du PIB en 2020[14]. En d'autres termes, dans un pays qui prélève déjà une telle proportion de la richesse produite pour financer ses services publics, il faudrait taxer encore davantage pour rembourser une dette qui n'a servi qu'à assurer la vie quotidienne. L'histoire nous enseigne que l'impôt dans une société sous tension est un sujet explosif. De la révolte des Maillotins (1382) ou des Bonnets rouges bretons (1675) dans la France d'Ancien Régime jusqu'aux vignerons de l'Aude (1907), et aux Bonnets rouges ou Gilets jaunes

14. La France étant dans ce domaine au deuxième rang mondial derrière le Danemark.

des années 2010, la révolte éclate quand un État en situation de faiblesse tente de ponctionner une ressource fiscale qui lui semble – à tort – politiquement inoffensive. À la fin, il reste la voie la plus porteuse à long terme, mais la plus difficile : augmenter le taux d'emploi des Français, actuellement de 67 % pour les 15-64 ans, contre 76 % en Allemagne. Difficile, car cela implique de réindustrialiser le pays, gage de valeur ajoutée et d'emplois qualifiés. Il faut pour cela travailler sur l'employabilité et les compétences par l'éducation, l'accompagnement des Neet et des chômeurs et la formation professionnelle, autant de fondamentaux dont on a vu l'état de dégradation. Car comme le rappelle l'économiste Patrick Artus, l'équilibre de nos finances publiques est un problème de marché du travail : si la France avait le même taux d'emploi que l'Allemagne, elle augmenterait son PIB de 12 % et ses recettes fiscales de 6 %[15]. Autant de dette en moins.

Refus d'héritage : dette financière et dette écologique, même combat

Mario Draghi, ancien président de la BCE, a parfaitement résumé l'enjeu lors du Meeting de Rimini, à l'été 2020 : « La dette créée par la pandémie est sans précédent et devra principalement être remboursée par les jeunes. Il est de notre devoir de leur en donner les moyens. » Ces questions pourraient rester un débat entre experts si elles n'empiétaient autant sur l'avenir des générations futures. Les jeunes Français sont d'ailleurs très conscients de la situation puisque 87 % des moins de 30 ans considèrent que « ce sont les jeunes générations qui vont payer pendant des décennies la dette contractée au cours de la crise du coronavirus[16] ». Deux économistes américains, Laurence Kotlikoff et Scott Burns, ont dénoncé la « maltraitance fiscale » des baby-boomers à l'égard

15. Interview de Patrick Artus, « Le faible taux d'emploi est le principal problème de la France », *Les Échos*, 29 avril 2022.

16. Enquête Ifop citée par Frédéric Dabi, *La Fracture*, *op. cit.*

de leurs descendants[17]. Le poids excessif des transferts en direction des plus âgés, financés par la dette publique, se traduit par l'augmentation des impôts qui viendront diminuer les revenus nets des nouvelles générations. Ils prévoyaient une « tempête générationnelle » qui, si elle n'est pas encore advenue, est hautement probable. La charge fiscale qui pèse sur les jeunes et les actifs est loin d'être anodine : toute dette est un prélèvement sur les générations futures, aussi faibles les taux d'intérêt soient-ils. La dette française en particulier, qui finance les déficits sociaux, n'est rien d'autre qu'un transfert en faveur des plus âgés, gagé sur la capacité de remboursement des plus jeunes. Cette dérive prend une tournure profondément déséquilibrée quand on constate que l'essentiel du surplus de dépenses publiques entre la France et le reste de l'Union européenne tient aux retraites. Et, cerise sur le gâteau, notre dette est majoritairement détenue par des investisseurs étrangers : les intérêts payés ne viennent donc pas enrichir des créanciers français.

Les plus jeunes pourraient donc estimer à juste titre que l'État, qui a abordé la crise avec un endettement excessif, a failli à son rôle de garant du long terme. En s'endettant pour payer ses fins de mois et les pensions de retraite de ses baby-boomers, il a privé les générations futures du fruit d'investissements qui auraient pu être bien plus productifs, tout en leur liant les mains avec une dette hors de contrôle, lestée à présent du poids colossal de la dette du Covid. Faute d'avoir pris le problème au sérieux depuis les années 1980, trois générations d'hommes politiques, tous bords confondus, portent une responsabilité écrasante. Un déclin industriel qui découle de la priorité accordée à la demande sur l'offre ; l'amortissement des conséquences de ce choix par une dépense sociale généreuse ; la relégation de la France au rang des perdants de la mondialisation, situation du pays que le général de Gaulle aurait qualifiée en son temps de « portugalisation de la France ». La quatrième génération, nourrie au même lait du laxisme budgétaire, se place dans la continuité de ses prédécesseurs.

---

17. Laurence Kotlikoff et Scott Burns, *The Coming Generational Storm*, New York, MIT, 2004.

L'autre dimension est bien sûr la dégradation massive et accélérée de la planète. Le point commun avec la dette financière est évident : c'est le temps. Le décalage temporel entre les émissions de gaz à effet de serre et l'effet visible sur le climat est de même nature que le décalage entre les émissions sur les marchés de milliards d'euros de dette et les conséquences pour les générations qui suivent, quelques dizaines d'années plus tard. La France n'est ni plus ou moins responsable du changement climatique que l'ensemble des pays industrialisés. Elle y contribue à hauteur de son PIB, et est l'un des pays les plus volontaristes pour décarboner son économie. Il reste que l'idée de dette écologique fait florès parmi les jeunes générations. La génération d'après guerre, qui a bâti la croissance des Trente Glorieuses sur une énergie bon marché émettrice de gaz à effets de serre, ne s'est pas souciée de préserver les ressources naturelles. Et quand elle s'y est intéressée, ça a été trop peu et trop tard : chacun peut constater les ravages du réchauffement climatique, de la perte de biodiversité ou de la montée du niveau des océans. Des dégradations environnementales à la fois gravissimes et irréversibles, qui auront des effets démographiques et géopolitiques majeurs. Des voix s'élèvent, de plus en plus nombreuses, parmi les jeunes générations. On pense bien sûr à Greta Thunberg, née en 2003, qui est à l'initiative de grèves pour le climat et qui a porté au niveau mondial la voix de la jeunesse sur ce sujet. Plus près de nous, une poignée d'étudiants fraîchement diplômés de la grande école française d'ingénieurs agronomes, Agro-Paris Tech, a publiquement renoncé à exercer un métier dans les secteurs d'activité pour lesquels ils sont supposément formés : « Nous ne croyons ni au développement durable ni à la croissance verte ni à la transition écologique », tel est leur choix. On peut s'agacer de recevoir des leçons d'une jeune Suédoise dont les objurgations n'ont pas permis d'économiser une seule tonne de CO_2. On peut regretter la posture de retrait d'ingénieurs formés sur fonds publics et dont la planète a besoin pour atteindre la neutralité carbone en 2050 : ils auraient tout aussi bien pu choisir de chercher des solutions et d'innover pour transformer le système qu'ils réprouvent au lieu de se contenter de le dénoncer et de s'en laver les mains. On peut noter les contradictions de ces mêmes jeunes qui sautent dans un avion pour partir en vacances à Dubaï et se font livrer vêtements *made in Vietnam* ou repas à domicile au lieu d'aller les chercher à quelques centaines de mètres de chez eux. Un sur cinq déclare être prêt à risquer sa vie pour sauver la planète[18] mais ils n'abandonneraient pas pour autant leurs smartphones et le confort de la vie matérielle permise par le travail des générations précédentes. Mais au fond peu importe. Il faut prendre ces messages au sérieux. Ils nous en disent plus sur la façon dont la jeunesse considère l'étrange monde dont elle hérite que bien des statistiques. La dette climatique est la crise du temps long par excellence, de même que la dette financière. L'une comme l'autre finira par susciter le même rejet.

Les jeunes pourraient refuser cet encombrant héritage, comme l'héritier peut choisir de renoncer à une succession quand le patrimoine du défunt comporte un passif supérieur à son actif. C'est un débat pour l'instant théorique : l'énorme pot commun de la dette de l'État français n'est pas divisible et remboursable au bon vouloir de chacun. Le changement climatique est là, et il vaut mieux essayer de trouver des solutions que de s'en abstraire. Mais le refus de l'héritage peut prendre des formes diverses, depuis le désengagement passif jusqu'au grand dégagement.

3.2 – Génération zombie ?

Il a fallu attendre de longs mois après le déclenchement de la pandémie pour que l'on commence à observer des réactions collectives chez les jeunes. À l'initiative de l'Unef (Union nationale des étudiants de France), un syndicat étudiant, le hashtag #etudiantsfantomes a été créé pour partager les témoignages de détresse sur Twitter. Ce mot d'ordre a permis de mobiliser des étudiants à Paris et dans quelques métropoles régionales autour d'un sentiment partagé d'abandon. En janvier 2021 les journaux font état du défilé de « plusieurs centaines d'étudiants » devant les fenêtres

18. Enquête Ifop citée par Frédéric Dabi, *La Fracture*, *op. cit.*

du ministère de l'Enseignement supérieur. Le vague de la formule indique assez la faiblesse numérique de la manifestation. Malgré l'impossibilité pratique de manifester du fait des règles du confinement et de la dispersion des étudiants, les témoignages montrent que la situation est plus grave que la modestie et le caractère tardif de cette mobilisation ne le suggèrent. Une étudiante évoque «la fatigue, le flou, la colère et la solitude». Une autre affirme: «Je crois pouvoir dire que je n'ai rien appris. Je paye un loyer pour rien et je ne sais pas où je vais.» Une troisième résume le désarroi général: «Est-ce que c'est utile d'aller manifester? De toute façon, quoi qu'on fasse on perd notre temps: on ne nous écoute pas»[19]. À une étudiante de Sciences Po Strasbourg qui l'interpelle, Emmanuel Macron répond: «Il va falloir encore tenir.» Il n'y a probablement pas d'autre réponse raisonnable à cet instant, mais on peut imaginer l'immense désarroi de ces jeunes. En mars 2021, une dizaine d'organisations étudiantes appellent à la mobilisation et réclament un plan d'urgence de 1,5 milliard d'euros pour financer une hausse des bourses et des aides au logement. Ces tentatives de mobilisation ne concernent que la jeunesse étudiante, qui est loin d'être représentative de toute la jeunesse. Ils sont 2,7 millions sur 6,2 millions de jeunes entre 18 et 25 ans et seule une poignée d'entre eux se mobilise. Mais c'est la portion de la jeunesse la plus éduquée, organisée et capable de se faire entendre. On peut supposer que quand cette fraction de la jeunesse exprime son découragement, l'autre jeunesse, celle des campagnes et des banlieues, celle des lycées techniques et des cités, n'est pas dans un meilleur état.

Les jeunes sont dans la situation de ces «entreprises zombies», soutenues artificiellement grâce aux financements publics, mais dont les fondamentaux sont si fragiles que l'arrêt de la perfusion provoquerait leur faillite immédiate. Les contraintes sanitaires et les restrictions de liberté ont été globalement acceptées. On peut faire deux lectures de cette attitude. Le consentement, dans un bel élan de solidarité et de cohésion nationale. Ou la résignation,

19. *Le Monde*, 22 janvier 2021.

faute d'alternative. C'est bien sûr la seconde proposition qui prédomine. Il ne faut pas se réjouir trop vite de l'absence de grand mouvement de protestation de la jeunesse, sur un mode insurrectionnel comme dans les banlieues en 2005 ou de façon plus organisée comme à l'occasion des manifestations contre le CPE en 2006. C'est le signe d'un profond désarroi. Alors que les jeunes investissent volontiers le champ sociétal et émotionnel – comme l'ont montré les manifestations en réaction au meurtre de George Floyd aux États-Unis –, ils semblent avoir intériorisé leur impuissance à améliorer leur propre situation socioprofessionnelle.

Résignation, sentiment d'exclusion, repli sur soi, apathie. L'enchaînement est proche du phénomène d'anomie décrit par Émile Durkheim à la fin du XIXe siècle. Son analyse est bien connue : la difficulté à affronter une crise économique ou au contraire à s'adapter à un contexte de changement social trop rapide démoralise l'individu. La déviance ou le suicide deviennent des voies de sortie possibles. On voit que l'on est loin d'une quelconque résilience librement choisie, comme le montrent les enquêtes sur le moral des jeunes et les études sur les effets psychologiques de la crise. La disparition du cadre de référence qui guide habituellement la conduite et les aspirations des jeunes crée des tensions irréconciliables. La génération Covid sera-t-elle la génération Bartleby, du nom de l'anti-héros de Melville qui répond à toute proposition : «*I would prefer not to*» ? Mais l'anomie n'est heureusement pas la seule forme de réaction à la crise existentielle que traverse la jeunesse.

3.3 – Des engagements à géométrie variable

Depuis longtemps on a oublié le foutraque autant qu'éphémère épisode «Nuit debout». Au printemps 2016, dans la foulée d'une manifestation contre la loi Travail, un collectif se crée autour d'une vague idée de convergence des luttes. Jour et nuit, place de la République à Paris et dans d'autres grandes villes, les orateurs exaltés, célèbres ou anonymes, toutes générations confondues, se succèdent. Les logorrhées anarchistes sans queue ni tête s'entremêlent aux rêves d'idéalistes en quête d'un monde meilleur et aux discours d'idéologues en mal de reconnaissance. Le mouvement se délite aussi rapidement qu'il s'était constitué, miné dès le départ par son inconsistance. « Nuit debout », par sa nature spontanée et éphémère, sans hiérarchie ni structure, est caractéristique des soubresauts qui mobilisent à intervalles réguliers la jeunesse. Ici une réforme du droit social, perçue comme antisociale, là une zone à défendre (ZAD) qu'il faut occuper pour bloquer un projet d'aménagement aéroportuaire comme à Notre-Dame des Landes, là encore une manifestation contre les violences policières ou le droit des femmes.

Les jeunes s'intéressent de moins en moins à la politique et à la religion mais ils se mobilisent pour des causes qui leur semblent existentielles. Ils portent des revendications sociétales plutôt que politiques, généralistes plutôt que visant à défendre leurs propres intérêts. Les derniers grands mouvements de mobilisation de la jeunesse pour elle-même remontent à la contestation du contrat première embauche (CPE) en 2006, il y a une éternité. La question écologique est prégnante, mais pas forcément au premier rang de leurs préoccupations. Une enquête de l'Institut Harris Interactive auprès de 8 000 jeunes de 18-24 ans pour l'Institut Montaigne montre que l'écologie arrive en cinquième position de leurs sujets prioritaires, derrière les violences faites aux femmes, le racisme, le terrorisme et la faim dans le monde (dans cet ordre)[20]. Le sentiment que le monde court à sa perte, la certitude de pouvoir agir concrètement contre cela, et un brin de ressentiment à l'égard des générations précédentes qui ont beaucoup parlé et peu agi motivent les jeunes. L'idéologie de la décroissance et le rêve du retour à la nature sont des aspirations assez profondes pour une petite partie d'entre eux, pour qui la vie en société pourrait, pourquoi pas, se résumer à une existence frugale dans une micro-communauté en quasi-autarcie, comme si une partie de

20. « Une jeunesse plurielle », Institut Montaigne, février 2022. L'écologie arrive au même rang pour leurs grands-parents, et au troisième rang pour leurs parents. Le clivage générationnel sur la question environnementale n'est donc pas si établi qu'on le pense généralement.

la jeunesse, profondément insatisfaite du monde tel qu'il est, préférait vivre une vie parallèle en dehors de ce monde irrécupérable. Une mise en œuvre concrète de l'attitude d'*exit* décrite par Hirschman.

L'engagement n'a cependant pas disparu. La jeunesse des années 2020 offre le portrait d'une génération désaffiliée mais qui privilégie des modes d'engagement à intensité et à géométrie variables, loin de la politisation traditionnelle de leurs aînés, au travers de partis politiques et par le vote. Ces jeunes choisissent leurs combats et la forme de leurs engagements. Faiblement mobilisés pendant la crise des Gilets jaunes, ils ont peu participé au grand débat national qui a suivi. Les concertations publiques et autres consultations nationales ne les intéressent pas. Les mobilisations éphémères, dont les mots d'ordre font appel à des valeurs universelles (sauver la planète, assurer le droit des minorités…), dominent. Ce phénomène est représentatif d'un double mouvement – qui traverse toutes les tranches d'âge mais se manifeste avec acuité chez les jeunes. Désintermédiation d'une part : les partis politiques – comme les syndicats – ne sont plus le lieu naturel de l'expression des préférences politiques ou des luttes sociales, comme le montre la faiblesse des appendices « jeunes » des principaux partis. Citoyenneté critique d'autre part, qui privilégie la recherche d'expériences concrètes, d'actions individuelles et s'intéresse peu aux processus institutionnels et collectifs. C'est ce que certains chercheurs ont appelé le *Do-It-Yourself Politics*, la politique fait maison, à distance de la politique institutionnelle[21]. *L'Affaire du siècle* plutôt qu'un référendum sur le climat[22]. *Extinction Rebellion*[23] plutôt qu'EELV (Europe écologie les Verts),

21. Sarah Pickard, *Politics, Protest and Young People : Political Participation and Dissent in 21st Century Britain,* Londres, Palgrave Macmillan, 2019.

22. Action en justice lancée en 2018 contre l'État pour « inaction climatique », qui a recueilli 2,3 millions de signatures.

23. Mouvement activiste fondé en 2018 en Grande-Bretagne, qui organise l'occupation d'entreprises ou de d'espaces commerciaux.

dont seuls 11 % des jeunes disent se sentir proches[24] et dont le candidat n'a drainé qu'un maigre 6,6 % des voix des 18-24 ans au premier tour de la présidentielle 2022. D'où des actions ponctuelles et spontanées, sans affiliation préalable à une organisation établie et souvent à forte composante émotionnelle. La dimension d'interpellation (*voice)* développée par Hirschman trouve là toute sa pertinence. Agir plutôt que militer pourrait être le mot d'ordre de cette génération, dont toutes les enquêtes montrent qu'elle persiste à faire peu confiance au personnel politique, malgré le renouvellement radical de 2017. Les deux ne sont pas incompatibles, comme le montre le succès du *Manifeste étudiant pour un réveil écologique*, qui a rassemblé les signatures de plus de 30 000 étudiants depuis 2018, et a mis sous pression employeurs et grandes écoles pour qu'ils prennent davantage en compte l'écologie dans leurs pratiques et leurs formations.

Cette posture explique que la participation des moins de 25 ans à des grèves, manifestations ou occupations a augmenté de 6 points depuis 2017 et a concerné un jeune sur cinq en 2020. Certes, on peut déplorer que la signature d'une pétition sur internet mobilise deux fois plus de jeunes qu'une manifestation dans la vraie vie. Il est toujours plus facile de cliquer sur un bouton que de battre le pavé sous la pluie. Ça « n'engage » à rien, et c'est ce qui explique le succès de plateformes comme Change.org, qui mobilise des millions de personnes sur des mots d'ordre d'importance variable. Pour autant, la « pétitionnite » numérique aiguë ne se substitue pas à l'engagement dans le monde physique, elle tend plutôt à le compléter et à l'amplifier. Certains observateurs estiment même que l'engagement des jeunes est en hausse. Pour preuve, 40 % des jeunes sont bénévoles[25]. L'Association de la fondation étudiante pour la ville (Afev), spécialisée dans l'accompagnement social et

---

24. « Une jeunesse plurielle », art. cit. Dans une autre enquête réalisée par l'Ifop en 2021, un jeune sur deux considère que les propositions et solutions d'EELV sont irréalistes, et 45 % jugent ce parti sectaire (Frédéric Dabi, *La Fracture*, *op. cit.*).

25. Tous les chiffres qui précèdent sont issus d'une enquête Injep-Crédoc, 2020.

scolaire dans les quartiers défavorisés, a noté une augmentation de 50 % des étudiants volontaires pendant la pandémie, et ce, malgré les difficultés quotidiennes dont ils étaient eux-mêmes les victimes.

Cette perspective optimiste vient tempérer l'image d'une jeunesse repliée sur elle-même. Les jeunes ont beaucoup d'autres façons que le vote d'exprimer leurs revendications ou leurs engagements, ils explorent de nouvelles formes de citoyenneté dont ils entendent rester les seuls maîtres. Le temps de l'engagement à la carte a remplacé l'embrigadement collectif, qui s'est dissous dans l'effondrement des idéologies du XXe siècle.

Reste la question de l'efficacité. L'indignation et l'agitation remplissent à court terme la fonction d'exutoire mais sont rarement suivies de résultats. Au moins, on se sera bien amusés, semblent dire ces jeunes en quête de causes à défendre, comme si l'objectif n'était pas d'atteindre une fin, mais simplement d'assumer la croyance idéaliste en un monde meilleur. Mais le calme apparent est trompeur. On peut ne nourrir aucune illusion sur sa capacité à changer le monde, et n'attendre qu'une occasion pour le secouer, d'autant plus que la société française est sous haute tension. Sur un terrain desséché et mal entretenu, il n'est pas besoin de beaucoup d'étincelles pour allumer un gigantesque incendie.

3.4 – *Fuck* ! Du ressentiment à la révolte

> On n'est pas complotistes, ni anti-vaccins, ni anti-couvre-feu. Mais on ne peut pas sacrifier toute une génération. [...] Quand on voit ce qu'il nous reste comme libertés en ce moment. On ne se laisse pas faire. On vit ça comme une injustice ! Des gens ont dit que c'était peut-être pas intelligent de faire une fête en ce moment, mais *fuck* ! C'est pas juste ce qu'on vit, et du coup allez vous faire foutre !

Ce cri du cœur, les lecteurs du *Monde* ont pu le découvrir dans la bouche du jeune coorganisateur de 24 ans d'une rave party aussi géante qu'illégale, organisée en Bretagne dans la nuit du 31 décembre 2020[26]. Rassembler 2 500 personnes dans des hangars pendant trente-six heures n'est, bien sûr, pas ce qu'il y a de plus *sanitairement correct* en pleine épidémie. Au-delà de la dimension festive et symbolique – des jeunes qui se rassemblent pour fêter le Nouvel An –, cet épisode est surtout le symptôme d'une jeunesse au bord de la crise de nerfs. Sage et disciplinée pendant de longs mois, la génération Covid a eu besoin de décompenser, pas de ruminer des discours culpabilisants (« Vous êtes des irresponsables qui transmettent le virus[27] »). Comme le rappelle Bruno Falissard, pédopsychiatre et professeur de santé publique à la faculté de médecine de Paris-Sud :

> Le problème principal pour cette tranche d'âge, c'est l'absence totale de reconnaissance de leurs sacrifices. Le confinement était une situation extrêmement brutale sur le plan psychique, et il était destiné à protéger un segment très particulier de la population : les personnes très âgées. Et personne ne l'a avoué, personne n'a remercié les jeunes d'avoir joué le jeu alors que le Covid-19 n'est pas vraiment dangereux pour eux, et que leurs conditions de vie (et de confinement) sont nettement inférieures à celles des retraités[28].

Accusés de propager le virus, objets de discours moralisateurs et infantilisants, les jeunes peuvent se sentir à juste titre victimes d'une punition collective sous la forme d'un confinement indiscriminé avec ses conséquences en chaîne.

Tant que ce ressentiment prend la forme de fêtes sauvages, c'est sans doute un moindre mal. Mais la radicalité est toujours une tentation et la jeunesse peut mettre le feu aux poudres.

---

26. « Voyage au centre de la rave », *Le Monde*, 18 février 2021

27. À l'inverse de bien des idées reçues, une enquête de l'Inserm et de l'université de Colombie-Britannique (Canada) montre que 89 % des jeunes portent le masque et 94 % sont préoccupés à l'idée de transmettre le virus aux plus âgés (décembre 2020).

28. *Polytechnique Insights*, 16 mars 2021.

Les apprentis sorciers ne manquent pas, comme François Ruffin, député LFI, qui appelle tranquillement les étudiants à «refaire mai 68». Ou Maxime Lledo, étudiant et chroniqueur radio, qui accuse – sans beaucoup de nuances – les baby-boomers d'avoir volontairement sacrifié sa génération pour sauver leur monde de vieux: «Ils ont voyagé, ils ont pollué, ils ont endetté le pays, ils ont ruiné l'économie. [...] Ils ont profité, ils ont vécu, ils ont joui[29].» «Les vieux paieront!» pourrait être le mot d'ordre, comme on disait «L'Allemagne paiera!» au sortir de la Première Guerre mondiale. Pour excessifs qu'ils soient, ces propos reflètent l'état d'esprit d'une frange active et influente de la jeune génération. La violence insurrectionnelle peut en être le prolongement, avec une efficacité que certains considèrent comme supérieure au vote: on se souvient des milliards d'euros débloqués en quelques jours en réponse aux violences des Gilets jaunes.

Fort heureusement, la violence ne concerne qu'une faible minorité et la France des années 2020 est infiniment moins corsetée pour les jeunes que celle de 1968. En réalité, la sécession la plus immédiate et massive, la contestation la plus radicale, c'est la défection. Le premier parti de France, celui de l'abstention, est d'abord celui des jeunes. C'est depuis longtemps un signal fort et dont l'intensité va croissant. Mais on s'y habitue, comme la grenouille qui finit ébouillantée dans l'eau dont on augmente progressivement la température. Un phénomène dont on tire bien peu d'enseignements, au-delà des déplorations rituelles au soir de chaque élection. Aujourd'hui, l'abstention des jeunes est la forme politique de l'*exit* décrit par Albert Hirschman. C'est surtout une grenade dégoupillée.

---

29. Maxime Lledo, *Génération fracassée*, Paris, Fayard, 2021.

3.5 – Du grand désengagement au grand dégagement

Un lent effondrement démocratique

Le premier parti de France porte un nom : abstention. Accomplir son devoir civique devient une évidence de moins en moins partagée et la centralité du vote, qui était « l'expression la plus visible et la plus institutionnelle de la citoyenneté et [...] la manifestation d'une appartenance collective[30] » a vécu. Avec des hauts et des bas, l'abstention a doublé depuis les débuts de la Ve République. Elle restait contenue vers 20 % jusqu'aux années 1980. Les élections européennes de 2009 avaient connu une abstention record de plus de 59 %. En 2017, les abstentionnistes ont été majoritaires aux législatives. Aux municipales de 2020 le taux d'abstention a atteint 58,4 %, soit 20 points au-dessus du précédent scrutin de 2014. Même l'élection des maires, pourtant régulièrement célébrés comme les élus de proximité en lesquels les Français ont le plus confiance et en première ligne pendant la pandémie, ne suscite plus l'enthousiasme. Les explications n'ont pas manqué : risque épidémique ; intervalle de trois mois entre les deux tours ; campagne électorale chaotique ; incertitude du quotidien (école, emploi, perte de revenus, congés d'été...). Tout cela est juste, mais invoquer ces raisons ne suffit pas à rendre compte de la progression inexorable du phénomène. Effets collatéraux de la déliquescence des deux grands partis de gouvernement depuis 2017, la fragmentation et l'illisibilité de l'offre politique atteignent des sommets, et rendent l'exercice d'un choix éclairé encore plus problématique. En juin 2021, alors que la pandémie est largement contenue, plus de deux Français sur trois n'ont pas voté au premier tour des élections régionales et départementales. 32 millions d'électeurs décrocheurs disent : « On ne peut pas faire confiance aux politiques », « On n'y comprend rien », « Ça ne m'intéresse plus », « À quoi bon ? » et troquent la colère contre l'indifférence.

---

30. Pierre Rosanvallon, *La Contre-démocratie. la politique à l'âge de la défiance*, Paris, Seuil, 2006

S'abstenir, c'est exprimer son refus de participer à un système dans lequel on ne croit plus[31].

Même si leur légitimité institutionnelle ne fait aucun doute, la légitimité démocratique des élus devient problématique. Dans certaines communes comme Mulhouse, Vénissieux ou Vaulx-en-Velin, les maires de 2020 ont été élus par 10 % des inscrits. En 2021, aucun président de région n'a reçu plus de 15 % des suffrages des inscrits de sa région, en tenant compte de l'abstention et du vote blanc. Et encore, le calcul de l'abstention ne prend pas en compte les 3 millions de citoyens non-inscrits sur les listes électorales, qui représentent environ 11 % des citoyens en âge de voter. Si «l'évaporation civique» se poursuit, bientôt un électeur sur dix décidera du sort des neuf autres.

La crise de la participation électorale mène à une inquiétante impasse: la remise en question radicale de la démocratie représentative. Les tentatives pour redonner de la vigueur au vote (comptabilisation du vote blanc, facilitation des procurations, fin de l'obligation d'inscription sur les listes électorales au 31 décembre de l'année précédente...) n'ont eu qu'un effet très marginal. De même, les initiatives de démocratie participative (Grand Débat, Convention citoyenne pour le climat...) ne sauraient se substituer, avec des citoyens non élus qui tiennent leur légitimité du hasard ou du volontariat, à la robustesse des processus de décision de la démocratie représentative. L'instrumentalisation politico-médiatique de la frustration des membres de la Convention citoyenne pour le climat montre assez les limites de l'exercice. Le vote obligatoire n'est pas plus efficace, comme le prouvent les difficultés récurrentes de la Belgique à constituer un gouvernement.

De plus en plus, des collectifs informels sans leaders ni revendications claires se substituent à l'exercice du droit de vote. Ce phénomène aboutit à des formes d'expression politique violentes voire insurrectionnelles, dont on constate la multiplication ces dernières années. Il ne s'agit pas d'une fragilité conjoncturelle mais

---

31. 56 % des Français n'ont pas confiance dans leur Parlement et 89 % dans leurs partis politiques (Dominique Reynié [dir.], *Où va la démocratie?*, Paris, Plon/Fondapol, 2017).

bien d'une « fatigue » démocratique structurelle. La France risque de devenir ingouvernable, avec une opinion versatile et fragmentée et des élus qui peinent à asseoir leur légitimité. Les classes populaires et les jeunes sont les catégories qui s'abstiennent le plus. Les raisons en sont nombreuses : désintérêt, idéologie, lassitude, mécontentement… Mais ils ont surtout le sentiment que les dirigeants politiques ne répondent pas à leurs attentes ou ne comprennent pas leurs préoccupations[32]. L'abstention des jeunes, toujours déplorée, jamais traitée, devrait alerter beaucoup plus fortement. Pourquoi ceux dont le choix électoral dessine la société dans laquelle ils vivront désertent-ils les isoloirs ?

La grève des urnes : l'autre sécession des jeunes

L'historien Jean-François Sirinelli évoque le syndrome de la banquise. Selon lui, de même que la banquise se désagrège peu à peu sous l'effet du réchauffement climatique, des parties de la société se détachent du cœur de la société par détresse sociologique. On ne saurait mieux décrire le phénomène à l'œuvre pour expliquer l'abstention des jeunes.

En 2017, parmi les 18-29 ans, moins de deux inscrits sur dix ont voté à tous les tours des élections, présidentielle et législatives. Pour ces dernières élections, seuls 27 % des 18-30 ans ont voté. Aux élections municipales de 2020, l'abstention des 18-35 ans a atteint 72 %, soit trente points de plus que pour les plus de 60 ans. Aux régionales et départementales de 2021, les 18-24 ans n'ont été que 15 % à voter, contre 53 % des retraités. En d'autres termes, moins de deux jeunes sur dix se sont déplacés pour exprimer leur choix. Autant dire qu'ils n'ont pas voté. Jérôme Fourquet fait remarquer ce fait frappant : au premier tour des élections régionales de 2021, la carte de France de l'abstention est l'exact négatif (au sens photographique du terme) de celle des seniors.

---

32. Raisons données respectivement par 44 % et 41 % des abstentionnistes selon un sondage de Viavoice pour *Libération* (juin 2021).

Les communes où on a le plus voté sont celles qui comptent plus de 35 % d'habitants de plus de 65 ans[33].

La jeunesse est traditionnellement une période de la vie où l'on participe peu aux élections. Le taux de participation remonte à partir de 30 ans, jusque vers 75 ans. C'est du moins la courbe traditionnelle, qui rassure tout le monde. L'hypothèse plus rarement évoquée est celle d'un phénomène qui deviendrait durable, tout au long de la vie d'un individu, qui ne se serait jamais habitué à voter. Une abstention non pas cantonnée à un âge de la vie, mais désormais générationnelle : la génération des abstentionnistes de 18 à 25 ans, convaincue de l'inutilité des formes classiques de participation politique, pourrait vieillir sans voter. Ce qui gripperait en profondeur le fonctionnement de la machine démocratique dans les décennies qui viennent. Si ce phénomène est commun à tous les pays, il est particulièrement prononcé en France. En 2010, l'enquête World Values Survey, qui couvre 90 % de la population mondiale révélait que 35 % des jeunes Français ne s'intéressaient pas à la politique, alors qu'ils ne sont que 26 % au niveau mondial. Aujourd'hui, 43 % des 18-24 ans français ne se situent pas sur l'échelle droite-gauche, contre un tiers des plus de 60 ans, et 55 % ne peuvent indiquer de préférence partisane[34]. Ils ne se mobilisent que quand ils discernent un enjeu concret pour leur vie quotidienne, avec l'idée que les grands combats se jouent ailleurs que dans les urnes : dans la rue, sur les réseaux sociaux, dans les start-up, les associations ou les ONG. Le vote devient un moyen d'action parmi d'autres, et pas l'exercice inconditionnel d'un devoir civique[35]. Parmi ces jeunes, ce sont les moins diplômés qui ne s'intéressent pas à la politique : les jeunes d'un niveau scolaire inférieur au bac ont 2,2 fois plus de chances de ne pas se positionner politiquement que ceux qui ont un niveau supérieur à bac + 2. Et ceux qui s'y intéressent le moins pensent que la démocratie

33. Jérôme Fourquet et Sylvain Manternach, *Les Élections régionales en dix cartes*, Paris, Fondation Jean-Jaurès, 2016.

34. Institut Montaigne, « Une jeunesse plurielle », rapport cité.

35. Vincent Tiberj et Laurent Lardeux, *Générations désenchantées ? Jeunes et démocratie*, Paris, La Documentation française, 2021.

n'est pas nécessairement la meilleure forme de gouvernement et qu'il peut être souhaitable d'avoir un leader fort qui puisse se passer d'un parlement ou d'élections. Les mêmes soutiennent à 23 % qu'il « faut changer radicalement la société par une action révolutionnaire », contre 15 % des diplômés. 31 % des moins de 35 ans estiment qu'il serait bon que l'armée dirige le pays, et 38 % un homme fort ne se préoccupant ni du Parlement, ni des élections[36]. De là à penser que la démocratie est en danger, il n'y a qu'un pas que le prisme générationnel confirme, puisqu'une inquiétante proportion de 49 % des 18-24 ans ne sont pas attachés au principe d'un gouvernement démocratique issu d'élections libres, contre 29 % des 66-76 ans[37].

Le risque « jeunes » est ancien. En 2005, Jacques Chirac déclare avec une franchise pathétique : « Je ne vous comprends pas, cela me fait de la peine » à un panel de jeunes Français invités à débattre avec lui à l'occasion du projet de Constitution européenne. Six mois plus tard, les banlieues s'enflamment et les jeunes s'effacent devant les « cités sensibles », qui deviennent l'objet de toutes les attentions. Depuis la pandémie, l'exécutif essaye tant bien que mal d'établir le contact avec une jeunesse qui l'écoute d'une oreille lasse autant que distraite. Les ministres multiplient les opérations de séduction en direction d'un public pour qui la télévision, la radio et les journaux ne sont plus les canaux principaux d'information. Il faut aller les chercher, paraît-il, sur leur terrain, les réseaux sociaux, mobiliser les influenceurs. Le président de la République accorde une interview de deux heures à *Brut* et prend la parole sur TikTok. Il met au défi deux stars des réseaux sociaux de générer 10 millions de vues pour une vidéo sur les gestes barrières. Il se lance dans un concours d'anecdotes à l'Élysée avec les mêmes YouTubers. Jean Castex, alors Premier ministre, essaie de « parler aux jeunes » sur Twitch, avec une maladresse qui confine au sublime.

---

36. Dominique Reynié (dir.), « Rapport sur l'abstention pour l'Assemblée nationale », novembre 2021.

37. Institut Montaigne, « Une jeunesse plurielle », rapport cité.

Ces tentatives, plus ou moins réussies, sont-elles le signe que les jeunes sont pris au sérieux? Rien n'est moins sûr. L'extension du domaine du divertissement à la sphère politique, phénomène malheureusement déjà ancien – on se souvient avec gêne d'Édouard Balladur ou de Michel Rocard soumis à la torture par un Thierry Ardisson triomphant, n'a jamais rien produit que de la médiocrité. Dans un autre registre, on a entendu, consternés, les outrages infligés à la langue française par Nicolas Sarkozy en visite dans une usine, désireux de se mettre à la portée d'un public ouvrier. C'est faire bien peu confiance à l'intelligence de ses concitoyens que de les infantiliser à ce point. Les jeunes ne sont pas dupes du «parler jeunes» d'élus qui entrent par effraction dans leur monde. Ils n'attendent pas qu'on les séduise, ils attendent des solutions. Ils trouvent leur salut ailleurs que dans le jeu démocratique, dans des domaines où l'horizontalité devient un critère essentiel par rapport à la verticalité politique classique. Les 18-25 ans sont plus sensibles aux questions d'égalité, d'identité, de reconnaissance du genre, de la race ou de la religion que les générations précédentes. Et tant pis si cela se fait au détriment du credo universaliste républicain porté par un pouvoir descendant et prescripteur. Le message implicite adressé à leurs aînés par cette jeunesse différentialiste est le suivant: nous avons compris que nous ne sommes pas les bienvenus dans votre société. Peu importe, elle ne nous intéresse plus. Nous avons abandonné l'idée de changer votre monde ou que vous vouliez le changer. Nous souhaitons vivre dans d'autres mondes, à côté du vôtre qui a fait faillite. Agriculture urbaine, circuits courts, communs, véganisme, féminisme radical, nous voilà! Un nouveau séparatisme voit le jour, alimenté par une désillusion profonde quant à la capacité du processus démocratique à faire advenir une société donnant à chacun l'occasion d'y trouver sa juste place. Avec cinquante ans de recul, il est d'ailleurs frappant de noter deux effondrements concomitants: la croyance dans la capacité de l'enseignement et de la politique à changer le monde. En 1968, 56 % des 18-30 ans pensaient que les enseignants pouvaient contribuer le plus au progrès de l'humanité. Ils ne sont plus que 35 % en 2021. De même, 40 % émettaient le même jugement sur les politiques en 1968, et ils ne sont plus que 10 % en 2021. L'appartenance à un monde commun devient de plus en plus difficile dans un contexte où la fragmentation, l'illisibilité et l'impuissance deviennent la norme.

Il n'est pas anodin que ce phénomène de sécession soit parallèle à la montée générale de la violence politique, sous sa forme la plus brutale. Les saccages à l'occasion des manifestations des Gilets jaunes ou contre les retraites, la dégradation des permanences de parlementaires, la gifle reçue par Emmanuel Macron en juin 2021, les violences contre la CGT au défilé du 1er mai 2021, les appels au meurtre sur les réseaux sociaux dessinent les contours d'une société dans laquelle moins on exprime son désaccord dans les urnes, plus on le manifeste par la violence physique. Le sociologue Olivier Galland montre que les jeunes sont particulièrement enclins à céder à ces penchants[38]. Ses travaux font ressortir que 22 % des jeunes trouvent justifié le recours à la violence pour défendre leurs idées. 49 % trouvent acceptable de « s'affronter à des élus pour protester ». 39 % de « s'affronter à la police ». Inquiétante régression, à rebours de l'essence de la démocratie, et qui devrait sérieusement nous alerter.

2022, ANNÉE ZÉRO

L'année électorale 2022 a confirmé les deux tendances observées depuis une décennie : les jeunes votent peu, et quand ils votent, leurs voix se portent sur les populistes et protestataires d'extrême droite et d'extrême gauche. 28 % des électeurs se sont abstenus au second tour de l'élection présidentielle de 2022, un record depuis 1969. Record dans le record, 41 % des électeurs entre 18 et 24 ans se sont abstenus, contre seulement 20 % des 60-69 ans. En 2002, le second tour entre Jean-Marie Le Pen et Jacques Chirac avait réussi à mobiliser bien plus massivement, puisque l'abstention des 18-24 ans était deux fois moins importante (20 %). Une décennie plus tard, en 2012, l'abstention a

38. Olivier Galland, *20 ans, le bel âge ? Radiographie de la jeunesse française*, Paris, Nathan, 2022.

progressé de 10 points dans cette classe d'âge (30 %). Pour les jeunes qui ont voté en 2022, deux logiques dominent. Au premier tour, leur choix s'est porté en majorité sur Jean-Luc Mélenchon (31 %), puis Marine Le Pen (25 %) avant Emmanuel Macron (20 %). Mais au second tour Emmanuel Macron a largement devancé Marine Le Pen, avec 68 % des suffrages des 18-24 ans. Ces résultats suggèrent deux enseignements : 1) les jeunes font parfaitement la distinction entre un candidat en guerre contre toutes les inégalités, aussi radicale et irréaliste sa posture soit-elle, auquel ils accordent leurs suffrages au premier tour et une candidate qui reste à l'extrême droite de l'échiquier politique, malgré tous ses efforts de dédiabolisation ; 2) le front républicain fonctionne toujours dans cette classe d'âge, malgré la démobilisation générale qui contraste avec 2002[39].

L'autre leçon de l'élection présidentielle de 2022 est le délitement du lien entre la démocratie et les jeunes. L'occupation, entre les deux tours, de la Sorbonne et de Sciences Po par des étudiants qui contestent par la force le résultat des urnes vient confirmer le lien distendu de la génération des 18-24 ans avec le jeu institutionnel classique. Que ces événements surviennent dans les lieux les plus emblématiques où s'élabore la science politique française est pour le moins perturbant.

Outre le haut niveau d'abstention des jeunes électeurs, la véritable nouveauté de cette année électorale est la montée en puissance de Jean-Luc Mélenchon, dont le discours anti-système exerce une forte capacité d'attraction sur des jeunes qui, à l'âge des révoltes, sont plus convaincus par le tribun qui leur offre des causes à défendre que par le représentant de l'ordre établi qui endosse la tâche ingrate de les protéger. Le cri de guerre « Révoltez-vous » sera toujours plus mobilisateur que la berceuse « Je prends soin de vous », sans vision enthousiasmante de l'avenir. Le vote

39. Il est d'ailleurs frappant de comparer la Une de *Libération* qui, au lendemain du 21 avril 2002, illustrait d'un sobre « NON » la photo de Jean-Marie Le Pen, et celle du même quotidien qui, en février 2021, titre : « J'ai déjà fait barrage, cette fois c'est fini », avec une photo qui renvoie dos à dos Marine Le Pen et Emmanuel Macron.

Le Pen a quant à lui a fortement progressé chez les jeunes depuis trois décennies, puisque Jean-Marie Le Pen recueillait près de deux fois moins de suffrages en 1988 que sa fille aujourd'hui dans cette catégorie d'âge. Fait nouveau, le vote RN chez les jeunes est devenu un vote d'adhésion, en particulier dans les catégories populaires et peu diplômées, résultat d'un sentiment d'abandon et d'angoisse sociale qui se développe sur le terreau des difficultés d'insertion professionnelle des « mal-diplômés ».

L'examen rapide des propositions pour la jeunesse des candidats à la présidentielle de 2022 est riche d'enseignements. Plus exactement, avec les principaux partis de gouvernement (LREM, LR, PS), on pourrait paraphraser Flaubert et son dictionnaire des idées reçues : « Jeunesse : que serions-nous sans eux ? Ne jamais s'en inquiéter. » Déjà, en 2007, Nicolas Sarkozy déclarait : « Notre société s'est figée au détriment de la jeunesse. » En 2012, François Hollande renchérissait : « C'est pour la jeunesse de notre pays que je veux présider la France. » En 2022, c'est probablement Jean-Luc Mélenchon qui a le plus structuré ses propositions avec un volet de son programme sobrement intitulé « Construire l'autonomie des jeunes ». Ses propositions comprennent notamment le droit de vote à 16 ans, la mise en place d'une conscription citoyenne obligatoire de neuf mois, la construction de 15 000 logements étudiants par an ou encore une garantie d'autonomie de 1 063 euros pour les jeunes non rattachés fiscalement à leurs parents. Mais s'il est un parti qui a compris l'intérêt électoral du vote jeune, c'est bien le Rassemblement national. En 2021, le traditionnel discours du 1er mai de Marine Le Pen a été largement consacré à la jeunesse : « C'est à vous, jeunes, notre avenir et notre espoir, que je voudrais m'adresser tout particulièrement, car vous avez été les premières victimes des errements et des fautes de nos gouvernants. » Et Marine Le Pen d'égrener les mesures d'un « ambitieux plan à destination de la jeunesse » qui comprend aides à la formation et à l'insertion professionnelle, soutien fiscal et en capital à la création d'entreprise pour les moins de 30 ans, prêts à taux zéro pour les jeunes couples, non-imposition jusqu'à 30 ans… Les actes précèdent les paroles, puisque Jordan Bardella, numéro 2 du parti, n'avait que 23 ans lorsqu'il a pris la tête de la liste RN aux européennes de 2019, qu'il a menée en tête de scrutin. Il faut croire que le message passe, puisque 5,3 millions de voix se sont portées sur le RN à cette occasion, contre seulement 3,3 millions aux législatives de 2017. Et c'est encore Jordan Bardella, 25 ans, qui assure la présidence du parti pendant le temps de la campagne présidentielle de Marine Le Pen. Enfin, il faut noter qu'aucune promesse de « chèque à la jeunesse » n'a suffi à amplifier la participation des jeunes électeurs : ni les 1 063 euros de Jean-Luc Mélenchon, ni la non-imposition promise par Marine Le Pen, ni les 920 euros du revenu citoyen de Yannick Jadot. C'est bien le signe que le mal est bien plus profond qu'une simple préoccupation de pouvoir d'achat.

Résumons. Les temps à venir ont des allures de paysage avant la tempête. Seuls 42 % des 18-24 ans jugent la démocratie indispensable[40]. Six jeunes sur dix ne votent pas à l'élection phare de la Ve République. Sur les quatre qui votent, plus de la moitié donnent leurs voix aux extrêmes. La mécanique du délitement est en place. Dans *La Lucidité* (2004), le romancier portugais José Saramago, prix Nobel de littérature, imagine une élection dans laquelle 83 % des électeurs votent blanc. Les gouvernants ne peuvent pas imaginer que cette gifle infligée à la démocratie soit spontanée et cherchent à démasquer les coupables d'une potentielle conspiration. La capitale est évacuée et le pays ne tarde pas à sombrer dans le chaos. Bien sûr, ce n'est qu'un roman…

⁂

Début 2021, Muriel Pénicaud, ancienne ministre du Travail et représentante de la France à l'OCDE, a lancé un appel signé par 158 personnalités pour organiser des états généraux de la jeunesse : « Les conséquences de la pandémie entravent la capacité des jeunes à se projeter dans l'avenir et amplifient les fractures de la société […]. Les adultes d'aujourd'hui et d'hier ont une dette

40. Contre 66 % des 65 ans et plus. Observatoire de la démocratie, Viavoice, 2019.

considérable envers les jeunes générations : dette écologique, dette financière, dette sociale[41]. » Il est en effet temps d'agir : les jeunes n'ont besoin ni de grands discours ni de clins d'œil sur les réseaux sociaux mais d'actes. Bien que conscients du risque, la plupart des élus adhèrent à un raisonnement aussi simple que cynique : « Le vote jeune n'a jamais permis de remporter une élection. » En effet, la démographie vieillissante et la faiblesse de la participation électorale des jeunes rendent l'équation imparable et expliquent en grande partie l'inertie des responsables politiques. Ce sont les électeurs les plus âgés qui font une élection, vérité encore vérifiée en 2022.

Les jeunes vont-ils faire payer à leurs aînés leur désinvolture et leur paresse réformatrice ? La contestation, silencieuse et massive, se transforme peu à peu en sécession. Le réveil risque d'être brutal. Pourtant, des pistes existent pour donner à la jeunesse la place qu'elle mérite dans notre architecture politique, économique et sociale. En un mot pour élaborer une véritable politique de la jeunesse.

---

41. « Non à une génération sacrifiée », *Le Parisien*, 3 mars 2021

Quatrième partie

POUR UNE POLITIQUE DE LA JEUNESSE

> Nous ne voulons pas que nos enfants recommencent, continuent après nous et comme nous de manquer leur vie pour avoir été livrés comme nous par les molles capitulations du même état-major.
>
> *Charles Péguy,* L'Argent *(suite), 1913.*

Individuellement, nous sommes prêts à beaucoup sacrifier pour nos enfants : notre confort, notre mode de vie, nos préférences, notre vie même. Ce mouvement anthropologique profond, consolidé au XIXe siècle en Occident, n'a paradoxalement pas trouvé de traduction politique à la hauteur de son intensité émotionnelle. Il est plus que temps de concevoir une politique générationnelle pour le XXIe siècle.

La jeunesse, on le sait, est diverse. Il faut, *a minima*, tenter de ramener les 26 % de désengagés et les 22 % de révoltés[1] vers des rivages – ceux de l'exercice de la démocratie – où il est possible de débattre et d'élaborer des solutions. Quand prendre part au vote devient l'exception et non pas la norme, la crise démocratique menace de faire exploser tout l'édifice politique patiemment construit depuis deux cent cinquante ans. Il faut

1. Institut Montaigne, « Une jeunesse plurielle », rapport cité.

réagir en réinstallant les jeunes au centre d'un projet politique à long terme. Comme le souligne Camille Peugny, « l'omniprésence de la jeunesse dans les discours politiques tranche avec l'absence de vraie politique de la jeunesse[2] ». Et le millefeuille de dispositifs qui lui est destiné brouille le message. Il faut donc réviser en profondeur les dispositifs qui concernent les jeunes, pour leur rendre lisibilité et cohérence. Surtout, il faut inventer une véritable solidarité intergénérationnelle, en mettant davantage à contribution les générations du baby-boom, qui ont bénéficié des quatre « P » décrits par l'historien Jean-François Sirinelli : la paix, la prospérité, le plein-emploi, le progrès[3]. Et pour ce faire, il nous faut inventer des processus démocratiques qui renouvellent radicalement le jeu. Mais avant cela, il faut éviter les solutions qui empirent le mal qu'elles sont censées guérir.

4.1 – Pour en finir avec les fausses bonnes idées

De façon récurrente, surgissent dans le débat public des solutions « clés en main », supposées régler les maux qui pèsent sur les jeunes. C'est ainsi que le revenu universel, le RSA (revenu de solidarité active) jeunes ou les emplois aidés sont portés aux nues par des intellectuels et des responsables politiques de premier plan.

Le revenu universel : pensée magique pour temps d'opulence

Furieusement à la mode, le revenu universel ne concerne pas uniquement les jeunes, mais l'ensemble des adultes, indépendamment de leurs revenus. Parce qu'il accorde un socle minimum de ressources à ceux dont les moyens de subsistance sont réduits, il est particulièrement séduisant. Parce qu'il se préoccupe

2. Camille Peugny, *Pour une politique de la jeunesse*, *op. cit.*

3. Jean-François Sirinelli, *Les Baby-boomers. Une génération (1945-1969)*, Paris, Fayard, 2003.

de redistribuer avant de produire des richesses, il est profondément déficient. Les jeunes et les pauvres en seraient *de facto* les premiers bénéficiaires. Benoît Hamon, candidat à l'élection présidentielle en 2017, en avait fait une proposition phare de son programme. En 2021, une proposition de loi du parti socialiste visait à instaurer un minimum jeunesse par la création d'un revenu de base de 564 euros à partir de 18 ans, assorti d'une dotation en capital de 5 000 euros[4]. La majorité présidentielle elle-même a envisagé de créer à l'horizon 2023 un «revenu universel d'activité» issu de la fusion de prestations sociales éparses (RSA, prime d'activité, APL...) et sous conditions de ressources. Les écologistes plaident pour un «revenu citoyen» de 665 euros. Le parti Les Républicains a brièvement évoqué un «revenu vital» de 715 euros avant de se rétracter. La diversité des approches illustre la difficulté tant conceptuelle que pratique d'une telle idée.

Pour simplifier, la version sociale du revenu universel consiste à accorder un revenu sans conditions, indépendant des prestations sociales, qui, s'il est accordé dès 18 ans, permettra de remplir le rôle du RSA pour les jeunes qui n'y ont actuellement pas droit. La version libérale du revenu universel consiste à regrouper les prestations sociales auxquelles un individu est éligible, sans augmenter les montants globaux de dépenses. Une version libérale «chimiquement pure» consisterait à verser une allocation mensuelle financée par la suppression des dépenses de prestations sociales, chacun devant ensuite s'assurer contre les risques de la vie (santé, vieillesse, chômage...). Socialement inacceptable, cette conception libérale est aussi irréaliste que la version sociale, dont le coût budgétaire est insoutenable puisque les prestations sociales existantes viendraient s'ajouter au revenu universel. Dans ce dernier cas, les experts estiment le coût du dispositif à 422 milliards d'euros par an, nécessitant d'augmenter les prélèvements obligatoires

4. Projet de loi «Ailes», porté par les députés Boris Vallaud et Hervé Saulignac. Dans ce schéma, le coût serait de 16 milliards d'euros pour le revenu de base et 4,5 milliards d'euros pour la dotation en capital.

de 40 %[5]. Dans un pays qui détient déjà le record mondial des taxes et impôts, on voit qu'il est urgent d'abandonner cette piste. Une version édulcorée verrait le maintien d'allocations sur certains besoins vitaux (santé, retraite, handicap…) avec un revenu universel calculé en fonction de la composition de la famille. Mais cela existe déjà, ça s'appelle le RSA… Complexe et difficile à calibrer au juste niveau, d'autant plus qu'il est impossible de tirer des conclusions généralisables des expérimentations très limitées menées à ce jour. L'exemple californien, souvent mis en avant, ne concerne que 125 personnes dûment sélectionnées pour recevoir sans contrepartie 500 dollars par mois pendant deux ans.

Au-delà de l'obstacle financier, le revenu universel est une impasse politique. C'est un palliatif qui ne s'attaque aucunement aux causes profondes de la précarité financière des jeunes (et des autres). En mettant toute une population sous perfusion, on évite de traiter les questions autrement plus complexes de la qualité du système éducatif, de la faillite de l'université, des dysfonctionnements du marché du travail ou de l'immobilier. L'argent magique du revenu universel est une solution paresseuse, qui exonère ceux qui la promeuvent de construire un projet de société. C'est la « civilisation de la sédation » décrite par le romancier Nicolas Mathieu : « La console, le pet', Netflix, et peut-être un jour le revenu universel, qui donnerait les moyens de tenir en dépit de vies privées d'horizon et d'espérance majuscule[6]. » À cette aune, le revenu universel pourrait n'être que l'autre nom d'une grande fatigue civilisationnelle, dernière ruse de la société post-industrielle et mauvaise conscience d'un État-providence qui a renoncé à l'objectif de faire du travail le fondement de l'émancipation.

---

5. Voir l'excellente analyse de François Ecalle sur le site Fipeco (www.fipeco.fr/commentaire/Les %20projets %20de %20revenu %20universel).

6. Prix Goncourt 2018 pour *Leurs enfants après eux*, Actes Sud.

L'impasse du RSA jeunes

Depuis sa création en 2009, le RSA – d'un montant de 564 euros mensuels, en incluant l'aide personnalisée au logement – est régulièrement critiqué au motif qu'il est réservé aux plus de 25 ans. Sauf exception (jeunes parents, deux années d'activité professionnelle), il ne concerne effectivement pas les jeunes entre 18 et 24 ans. Outre sa simplicité, le RSA jeunes aurait l'avantage de « défamilialiser » les aides à la jeunesse en faisant d'un jeune majeur un citoyen autonome de sa famille. Mais c'est un outil aux effets limités, qui ne garantit pas de sortir du chômage ou de la précarité. En réalité, il ne fonctionne bien pour personne : 1,9 million de Français en bénéficient, pour un coût de 11,7 milliards d'euros par an, mais combien d'entre eux retrouvent le chemin d'une vie professionnelle et sociale digne ? Par ailleurs, il ne faut pas négliger sa dimension déstructurante pour le modèle familial français, comme le souligne le sociologue Olivier Galland : « La particularité française est que, contrairement peut-être à ce qui se passe en Italie, le maintien de liens familiaux forts n'entrave pas l'accès des jeunes à l'autonomie[7]. » En revanche, le RSA jeunes retirerait une source de revenus aux familles, le plus souvent modestes, qui hébergent un jeune majeur et bénéficient à ce titre de prestations familiales et d'une demi-part supplémentaire au titre de l'impôt sur les revenus. Son intérêt principal est de jouer le rôle de filet de sécurité pour éviter de tomber dans la grande pauvreté, mais il n'est pas conçu pour autre chose, en particulier pour insérer les bénéficiaires dans l'emploi, seule garantie solide contre la pauvreté. C'est ce que rappelle Martin Hirsch, créateur du RSA, en évoquant la spécificité de cette période de la vie qui mêle formation, revenu et emploi. Supprimer la limite d'âge du RSA n'est pas la meilleure façon d'agir dans l'intérêt du jeune si cela ne contribue pas à résoudre deux problèmes : réduire le taux de chômage et favoriser l'accès aux études

7. Olivier Galland, « Faut-il un RSA jeunes ? », *Telos*, 18 mars 2021.

supérieures des jeunes les plus défavorisés[8]. Par ailleurs, son coût déjà considérable est en réalité en deçà de son coût théorique, puisqu'on estime qu'environ 30 % des bénéficiaires n'en font pas la demande. La priorité devrait donc plutôt consister à réduire ce taux de non-recours plutôt que d'étendre le RSA aux jeunes. Enfin, dernier argument de poids pour enterrer l'idée, où trouver les 5 milliards d'euros nécessaires ?

Les promoteurs du RSA jeunes mettent parfois en avant le système danois de « salaire universel ». Il s'agit d'accompagner vers l'autonomie les étudiants qui entrent à l'université en leur versant une bourse de 850 euros par mois, s'ils ne justifient pas de ressources de plus de 1 500 euros mensuels, indépendamment des revenus des parents. En complément, ils peuvent bénéficier d'un prêt garanti par l'État de 300 euros par mois, à rembourser en fonction de leurs revenus futurs. En contrepartie, l'étudiant doit s'engager à travailler dix heures par mois et bénéficie de toutes les prestations sociales dès 16 ans. C'est ce qui se rapproche le plus de la garantie jeunes française, dispositif créé sous François Hollande[9]. D'un montant équivalent au RSA hors APL (500 euros par mois pendant douze mois), ce versement est couplé à un parcours d'accompagnement à l'emploi, en particulier par l'intermédiaire des missions locales dont le savoir-faire est reconnu pour l'accompagnement individualisé, ce que ne savent pas faire les départements qui gèrent le RSA. Le substitut du RSA jeunes a fini par naître, sous la forme du « contrat d'engagement jeunes ». Annoncé en juillet 2021, il n'a été mis en place qu'au printemps 2022, au prix d'arbitrages budgétaires serrés. Il concerne potentiellement un million de jeunes, avec un objectif de 400 000 à 500 000 en 2022. Il fusionne avec la « garantie jeunes » et en reprend les principes (allocation d'environ 500 euros en contrepartie de 15 à 20 heures d'accompagnement intensif, mise en situation professionnelle ou formation, 12 mois maximum). Tout ça pour ça, dira-t-on.

---

8. Martin Hirsch, « Il est possible de donner sa vraie dimension à la garantie jeunes contre le chômage et la pauvreté », Le Mon*de*, 3 février 2021.

9. La garantie jeunes concerne les jeunes entre 16 et 25 ans, sans emploi, qui ne sont pas en études et qui ne bénéficient pas d'aide parentale.

Peut-être, mais l'essentiel est là, dans la reconnaissance de la nécessité d'accompagner plus efficacement ceux qui ne peuvent pas compter sur les ressources sociales, culturelles ou financières de leurs parents.

EMPLOIS AIDÉS, EMPLOIS GARANTIS : MÊME COMBAT

On sait que les emplois aidés, ces emplois dans l'administration ou le monde para-associatif financés sur fonds publics, ont un bilan modeste. Ils pèsent sur les finances publiques et créent des poches de sous-productivité en finançant des emplois peu utiles. Surtout, ils ne permettent pas à leurs bénéficiaires de s'insérer plus efficacement sur le marché du travail, les employeurs considérant avec suspicion le CV des personnes passées par ces emplois. On comprend malgré tout l'appétence des gouvernements pour ces outils, qui permettent à court terme de faire baisser les statistiques du chômage et d'acheter la paix sociale. Une nouvelle dénomination a permis de remettre à l'ordre du jour les emplois aidés, sous la forme du Parcours emploi compétences (PEC), qui assure une prise en charge de 50 % du salaire dans les associations et le secteur public. 80 000 contrats ont été signés en 2021 pour absorber les contrecoups du ralentissement économique dû au Covid. Ce traitement statistique du chômage est un pis-aller, dont les bénéficiaires connaîtront le même sort malheureux que leurs prédécesseurs.

Malgré des effets pervers largement documentés par les économistes, certains plaident pour aller encore plus loin, sous la forme d'une « garantie d'emploi[10] ». Concrètement, il s'agirait de garantir un emploi à plein temps au salaire minimum légal, dans le secteur public et associatif. Bien sûr, l'État financerait ces emplois. Cette version moderne des Ateliers nationaux aurait la même issue désastreux, dans la confusion d'une faillite annoncée. Encore une fois, on substitue la facilité de la dépense publique à des réformes

10. Pavlina Tcherneva, *La Garantie d'emploi. L'arme sociale du Green New Deal*, Paris, La Découverte, 2021.

en profondeur. Plutôt que d'inciter les jeunes à accepter des emplois atypiques de faible qualité, il vaut mieux les faire monter en compétences pour leur permettre à terme d'accéder à des emplois de qualité[11].

Il n'est pas question ici de recenser de façon exhaustive les fausses bonnes idées pour les jeunes. LREM a proposé d'accorder aux jeunes des prêts de 10 000 euros, garantis par l'État[12]. Les députés LR font de la surenchère, avec un prêt de 50 000 euros. Ils vont même jusqu'à proposer de créer 300 000 emplois aidés, crânement renommés « jobs pour la nation », payés une année au Smic. L'OFCE (Observatoire français des conjonctures économiques) plaide pour un « minimum jeunesse » couplé à une bourse étudiante limitée dans le temps. Thomas Piketty promeut « l'héritage pour tous » consistant à verser aux jeunes Français qui atteignent l'âge de 25 ans un héritage minimal de 117 000 euros, financé par un impôt sur la fortune et une augmentation significative de l'imposition sur les successions. N'en jetez plus. Endetter d'un côté, confisquer d'autre part, perfuser partout. Les meilleures intentions, la démagogie et les solutions de facilité se chevauchent fréquemment[13]. Toutes ces idées ont la particularité de traiter les conséquences plutôt que les causes. Certes, il vaut mieux corriger *ex post* les effets d'une politique publique inefficace que ne rien faire. Mathieu Klein, maire de Nancy, résume parfaitement l'impasse :

---

11. Tom Chevalier, *Soutenir les jeunes adultes*, Paris, Terra Nova, 2022.

12. Prêt à taux zéro remboursé sur trente ans à condition que le jeune gagne au moins 1 800 euros net par mois.

13. Voir à ce sujet l'excellente analyse de Robin Rivaton, qui décrypte la logique sous-jacente du prêt à remboursement contingent : « Pour pallier le défaut de paiement estimé à 20 % et la couverture des taux d'intérêt, soit un coût de 500 millions d'euros par an pour les finances publiques, l'État français empruntera sur une longue période. Magnifique tour de passe-passe par lequel la génération future soutiendra un dispositif pour elle-même, sans aucun effort des plus âgés aujourd'hui » (« Les sirènes du capital universel », *L'Express*, 11 février 2021).

> L'empilement des dispositifs et le primat donné à la solidarité familiale ont désormais atteint leurs limites. Je ne crois pas aux solutions qui visent à transformer les jeunes en entrepreneurs d'eux-mêmes ou à hypothéquer par un endettement excessif leur avenir déjà incertain. Les jeunes n'ont pas besoin de charité mais de responsabilités et de droits : ils attendent plus qu'une aide monétaire en forme de solde de tout compte ou d'alibi pour s'exonérer de l'effort d'accompagnement de leur parcours de vie. [...] notre seul projet pour la jeunesse ne saurait être de débuter dans la vie avec un revenu minimum d'inactivité[14].

En effet, il est possible de penser autrement la condition des jeunes. Péguy aurait pu le dire en une phrase : « On n'a jamais vu des fatigues et des vieillesses donner par erreur des œuvres de nouveauté[15]. »

4.2 – L'impératif de la solidarité intergénérationnelle

La pandémie a rendu visibles les difficultés que rencontrent les jeunes pour s'insérer dans la vie adulte. L'embellie conjoncturelle de 2021-2022 sera de courte durée. Il faut en profiter pour mettre en place des mesures ciblées, dans tous les domaines critiques : apprentissage, logement, mobilité, etc. Mais c'est toute la logique d'un système conçu pour les plus vieux qu'il faut changer. Le destin exceptionnellement favorable des générations nées dans les années 1940 est le reflet inversé du sort exceptionnellement critique des Millenials et de la génération Z. C'est pourquoi il faut repenser les relations entre les générations en termes de solidarité.

---

14. Mathieu Klein, « Contre la pauvreté des jeunes, c'est l'ensemble de notre démocratie sociale qu'il faut mobiliser », *Le Monde*, 19 février 2021.

15. Charles Péguy, *Note sur M. Bergson et la philosophie bergsonienne.*

Le casse du siècle

Il faut prendre acte du grand retournement opéré après 1945 et accéléré par la crise du Covid : la pauvreté a changé de camp. Le taux de pauvreté des retraités est aujourd'hui de 7 %, quand celui des 18-24 ans est de 23 %. Et il ne s'agit seulement de comparer jeunes et vieux. L'écart est abyssal avec les actifs, qui comprennent 16 % de pauvres, et plus encore avec les familles avec enfants, dont 25 % sont pauvres. En 2020 les 65-74 ans ont eu un revenu supérieur de 15 % aux actifs du fait de la baisse du PIB. Le système de retraite est extrêmement généreux, au prix du versement de 90 milliards d'euros de cotisations retraite de plus pour les salariés français par rapport à leurs homologues allemands. De leur côté, et malgré une augmentation récente, les retraités paient une CSG à un taux moindre que le reste de la population. Ils bénéficient de l'abattement sur l'impôt prévu pour compenser l'activité professionnelle qu'à l'évidence ils n'ont plus. Ils versent 41 milliards d'euros de moins que les retraités allemands pour financer le système social. Cherchez l'erreur. Il y a quelques années, l'essayiste Hakim El Karoui pointait le déséquilibre des transferts monétaires entre générations, amplifié par la crise financière de 2008-2009[16]. Plus récemment, il notait : « Il n'y a aucune raison que la génération du baby-boom impose aux autres la redistribution à l'envers, celle qui assure la solidarité des pauvres aux riches, des jeunes aux vieux, des sans-patrimoine vers les détenteurs d'actifs mobiliers et immobiliers [...] les transferts dits descendants ne représentent qu'environ 6,5 % du PIB en France (3,5 % en aides et donations et 3 % pour les héritages) contre 20 % du PIB pour les transferts des actifs vers les plus de 60 ans[17] », ces 20 % incluant les retraites, la santé, la dépendance. Cette situation explique que la France soit le seul pays de l'OCDE où le niveau de vie des plus de 65 ans est supérieur à celui de l'ensemble de la population.

---

16. Hakim El Karoui, *La Lutte des âges*, Paris, Flammarion, 2013.

17. Il s'agit de 14 % de PIB pour les retraites et de 6 % pour les dépenses de santé (Hakim El Karoui, « Repenser la solidarité entre générations », *Les Échos*, 3 juillet 2021).

Il y a donc urgence à rééquilibrer une situation qui ne peut qu'être la source d'un profond ressentiment. Il y a une forme de mystère à constater que ce «casse du siècle» n'a généré, jusqu'à présent, aucune contestation sérieuse de la part des plus jeunes ou des actifs. Probablement parce que la consolidation de ces grandes masses financières – qu'elles proviennent de contributions sur les revenus d'activité ou du budget de l'État – n'est jamais présentée sous l'angle générationnel.

Heureux comme un retraité en France

La contribution des plus de 65 ans à ce rééquilibrage générationnel peut prendre plusieurs formes. La réforme des retraites est le levier le plus massif. Le sort des retraités français est l'un des meilleurs du monde[18]. Les Français passent en moyenne 25 ans à la retraite, la durée la plus importante de l'OCDE. Le niveau de vie a baissé ou stagné pour toutes les tranches d'âge depuis 2008, à l'exception des plus de 65 ans, pour lesquels il a augmenté de plus de 1 500 euros[19]. Fin 2020, le Conseil d'orientation des retraites (COR) a comparé la France avec dix pays de l'OCDE. Il ressort que la France se situe à la deuxième place, derrière l'Italie, pour le montant des dépenses publiques de retraite en pourcentage du PIB (13,6 %), loin devant la moyenne de ces pays (9,1 %). En 2020, du fait de la contraction de l'activité économique, ce taux est monté au niveau record de 14,7 % du PIB. L'importance des retraites par rapport à la richesse produite tient surtout à la faiblesse du taux d'emploi des personnes de 20 à 64 ans et au poids des retraités dans la population des plus de 65 ans, ce qui reflète un âge de départ en retraite plus précoce que dans les autres pays.

En 1975, la France comptait 4 millions de retraités. Ils sont 17 millions aujourd'hui et seront 20 millions en 2050. Le système par répartition, au moment où il a été adopté en 1945, était

18. L'analyse qui suit est inspirée de l'article de François Ecalle, «Les retraites en France et dans dix pays de l'OCDE», Fipeco, 4 janvier 2021.

19. Source: Insee.

à la fois juste et soutenable. Juste, parce qu'il permettait de financer les retraites de ceux qui étaient nés à la fin du XIXe siècle, dans un monde où la solidarité nationale ne prenait pas en charge les travailleurs incapables de subvenir eux-mêmes à leurs besoins, et où la vieillesse était synonyme de pauvreté. Soutenable parce qu'en 1950, avec une espérance de vie à 67 ans, l'équilibre démographique permettait en théorie que cinq actifs cotisent pour un retraité. Ce ratio est de trois actifs pour un retraité en 2020. Mais en prenant en compte la population réellement au travail, le rapport est de 1,1 cotisant pour un retraité. Le taux de dépendance démographique est à cet égard un indicateur particulièrement éclairant. Il s'agit du rapport entre le nombre des plus de 65 ans et celui des 15-64 ans. Il était de 33 % en 2020. Il sera de 45 % en 2040. En d'autres termes, dans vingt ans, il y aura 45 retraités pour 55 actifs. Le vieillissement implacable de la population dérègle donc le système, dérèglement accentué par les départs précoces en retraite. Le temps passé à la retraite est aujourd'hui le plus long de l'OCDE : 27 ans pour les femmes, 23 ans pour les hommes, contre 7 ans en moyenne en 1960. Bilan : l'augmentation des dépenses vieillesse de 2000 à 2019 représente 1 460 euros par habitant selon la Cour des comptes.

Partenaires sociaux comme gouvernants savent depuis longtemps que le déséquilibre financier est intenable sur la durée. De réformes poussives en grands soirs qui font pschitt, les ajustements minimalistes n'ont pas permis d'inverser la tendance, comme si les arbitrages collectifs des gouvernements et des partenaires sociaux avaient convergé depuis des décennies pour reporter sur les générations suivantes le poids de l'ajustement. Les jeunes actifs d'aujourd'hui financent un système dont ils ont fort peu de chances de bénéficier quand viendra l'heure de leur propre retraite. Le déficit de 18 milliards d'euros constaté en 2020 va continuer à se creuser. L'équilibre sera de retour au mieux en 2045, et au pire en 2079 si la productivité reste atone. Il faut insister sur les conséquences économiques du poids excessif des dépenses publiques de retraite. La pression fiscale nécessaire pour soutenir le régime renchérit le coût du travail et se traduit par des pertes ou des non-créations d'emplois. Les jeunes qui ne trouvent pas d'emploi sont bien sûr les premiers touchés par cet arbitrage implicite.

Inéquitable et non finançable, le système des retraites doit être profondément réformé. Un objectif sain consisterait à réduire de deux à trois points de PIB la part de richesse consacrée au financement des retraites, pour s'aligner avec la moyenne de l'OCDE. L'architecture d'une bonne réforme des retraites dépasse le cadre de cet essai mais il est théoriquement possible de jouer sur une gamme de mesures. Augmenter les cotisations, réduire les pensions, relever l'âge de la retraite, augmenter le nombre d'annuités nécessaires pour liquider sa retraite à taux plein, faire converger les régimes du privé et du public, mettre fin aux régimes spéciaux... La hausse des cotisations est impensable, avec un taux de cotisations patronales et salariales qui représente déjà 27,5 % des revenus et pèse lourdement sur le pouvoir d'achat des actifs. Les autres leviers doivent être utilisés, avec une application plus rapide qu'envisagée par les scénarios usuels, qui reportent la totalité des efforts sur les générations futures. La réduction des pensions est une piste politiquement explosive mais qui ne peut être écartée d'un revers de main pour cette seule raison. Depuis l'été 2022 on prend malheureusement le chemin inverse, avec le retour de l'indexation des pensions sur l'inflation. La dernière réforme importante sous le gouvernement Fillon (2010), a permis d'économiser 19 milliards d'euros en 2020, avec le report de deux ans de l'âge légal pour partir à la retraite (62 ans) et pour bénéficier du taux plein (67 ans). La tentative engagée en 2019 sous le gouvernement d'Édouard Philippe s'est fracassée sur le mur de la contestation, entre la démission du haut-commissaire en charge du dossier, les gaz lacrymogènes et la crise pandémique.

Le recul de l'âge de départ à la retraite à 64 ans permettrait d'économiser 10 milliards d'euros à l'horizon 2030. Mais ce projet pâtit d'un triple impensé : il est lent à produire ses effets (7 ans), il a un effet limité (0,4 % du PIB) et surtout il ne met aucunement à contribution les bénéficiaires actuels – les retraités – mais les actifs, dont les jeunes. Alors que les baby-boomers nés entre 1945 et 1955 perçoivent des pensions de retraite deux fois plus importantes que le montant de leurs contributions, les actifs d'aujourd'hui cotiseront davantage et plus longtemps et seront des retraités moins bien lotis. En d'autres termes, en faisant intégralement peser le poids de la réforme des retraites sur ceux qui sont déjà les plus défavorisés, on accentue le déséquilibre générationnel en exonérant de tout effort 17 millions de retraités. *Suave, mari magno*[20]...

L'équité intergénérationnelle voudrait, d'une part, que les ressources financières dégagées financent des dépenses d'avenir pour la jeunesse (éducation, enseignement supérieur, accompagnement des Neet...) et, d'autre part, que les retraités contribuent à rééquilibrer un système dont ils ont largement profité. Pour alléger la facture des actifs d'aujourd'hui, sur lesquels pèse de façon disproportionnée le financement de l'État-providence, la CSG des retraités pourrait être alignée sur le régime général et l'indexation des pensions sur l'inflation ne devrait concerner que les petites retraites. Le pire en la matière serait de rejouer la vraie-fausse réforme des régimes spéciaux de 2007, dont la Cour des comptes a montré qu'elle a coûté plus qu'elle n'a permis d'économiser du fait des « mesures d'accompagnement » destinées à éviter la contestation sociale, ce qui s'est par exemple traduit par un coût de 4,7 milliards d'euros à la SNCF, pour économiser 4,1 milliards d'euros... Ce qui revient, *in fine*, à payer les *insiders* pour faire peser le coût de l'ajustement sur les nouveaux embauchés.

Accélérer la circulation du capital entre les générations

En 1846, quand Gustave Flaubert hérite de son père, il a 25 ans. Il peut désormais se consacrer corps et âme à la littérature. Rien d'exceptionnel à l'époque. En 1950, l'âge moyen des héritiers est de 35 ans. Aujourd'hui, on hérite en moyenne à 50 ans

20. « Il est doux, quand la mer est haute et que les vents soulèvent les vagues, de contempler du rivage le danger et les efforts d'autrui : non pas qu'on prenne un plaisir si grand à voir souffrir le prochain, mais parce qu'il y a une douceur à voir des maux que soi-même on n'éprouve pas » (Lucrèce, *De rerum natura*).

d'une somme de 120 000 euros[21]. Ce sera 58 ans en 2050. Cette évolution ne signe pas seulement la disparition de la figure de l'artiste habité par l'unique souci de son œuvre ou du fils prodigue qui dilapide la fortune héritée de ses parents en menant une vie de bohème. L'allongement de l'espérance de vie implique qu'au lieu d'hériter à l'âge où l'on s'installe dans la vie, la transmission survient quand tout est joué, quelques années avant la retraite. Au moment où les besoins sont les plus importants, la perspective du coup de pouce pour acquérir un logement ou financer un projet personnel est encore loin.

Si 45 % des Français bénéficient d'un transfert de patrimoine, il faut souligner la modestie de l'héritage médian par rapport à d'autres pays[22], 70 000 euros, à comparer avec la moyenne précédemment citée de 120 000 euros. C'est donc un phénomène très inégalitaire, qui reflète la stratification sociale : la moitié de ceux qui héritent reçoivent moins de 70 000 euros, mais 10 % des héritiers reçoivent en moyenne 500 000 euros. La part de la fortune héritée dans le patrimoine total ne représentait que 35 % en 1970 contre près de 60 % aujourd'hui. Dans le même temps, le flux des transmissions a quadruplé en quarante ans, passant de 60 milliards d'euros en 1980 à près de 300 milliards d'euros en 2020.[23]

Par ailleurs, avec la hausse de l'espérance de vie, le patrimoine des plus âgés s'accroît tandis que celui des plus jeunes stagne, en grande partie du fait de la valorisation des biens immobiliers et du rendement des placements financiers. Entre 2014 et 2020, le prix de l'immobilier a augmenté de 40 % et l'indice CAC 40 de 30 %, survitaminés par la politique monétaire expansionniste de la BCE. Le confinement a accentué cette tendance, puisque pendant cette

21. Le montant moyen reçu par un individu au cours de sa vie est de 135 400 euros.

22. Le montant médian de l'héritage est par exemple de 150 000 euros en Italie et 80 000 euros en Allemagne.

23. Clément Dherbécourt *et al.*, « Repenser l'héritage », Conseil d'analyse économique, décembre 2021.

période les ménages les plus aisés ont davantage épargné que les autres[24].

L'héritage est donc à la fois inégalitaire – par nature – et tardif, du fait de l'allongement de l'espérance de vie. C'est une réalité qui n'autorise cependant pas toutes les spoliations. Tordons tout de suite le cou à une proposition lancée par l'économiste Thomas Piketty, qui promeut « l'héritage pour tous » consistant à verser aux jeunes Français qui atteignent l'âge de 25 ans un héritage minimal de 117 000 euros, financé par un impôt sur la fortune et une augmentation significative de l'imposition sur les successions, le tout couronné par un plafond d'héritage à 12 millions d'euros. Idée généreuse autant qu'irréaliste, qui repose sur les mêmes présupposés que le partage du temps de travail pour réduire le chômage, et qui produirait les mêmes effets déstructurants.

Il faudrait surtout que l'héritage retrouve sa fonction intergénérationnelle en favorisant deux mouvements. D'une part, en accélérant la transmission du capital entre générations. Les deux tiers des donateurs ont plus de 70 ans. Contrairement à d'autres pays et à la théorie du cycle de vie qui voudrait que l'on désépargne en fin de vie, la tendance à épargner reste forte chez les plus âgés. Il faut donc faire circuler le capital entre générations en incitant les parents à effectuer le plus tôt possible des donations au profit de leurs enfants. C'est ce qui est déjà accompli au travers d'incitations fiscales[25]. On pourrait accélérer le mécanisme en accordant un bénéfice fiscal supplémentaire si la donation est faite à un bénéficiaire de moins de 25 ans. Il faut aussi envisager l'aménagement de la réserve héréditaire[26], qui faciliterait les donations entre

24. Étienne Fize, Camille Landais et Chloé Lavest, « Consommation, épargne et fragilités financières pendant la crise du Covid (2021) », Conseil d'analyse économique.

25. Un parent peut faire une donation de 100 000 euros en franchise d'impôt tous les quinze ans à l'un de ses enfants, avec un abattement de 100 000 euros lorsqu'il s'agit d'un bien immobilier. Un grand-parent peut lui aussi faire une donation à ses petits-enfants, défiscalisée à hauteur de 31 865 euros.

26. La réserve héréditaire est le dispositif légal qui impose de léguer à ses enfants la majeure partie de ses biens. Le « saut de génération » est donc juridiquement limité.

grands-parents et petits-enfants. Il faut aussi corriger la reproduction sociale inévitable qui vient de la transmission des richesses au sein d'une même famille. Pour cela, il est difficile d'augmenter les droits de succession, la fiscalité française sur les successions étant déjà l'une des plus lourdes d'Europe[27]. Mais malgré les sommes élevées en jeu et les forts taux d'imposition, les droits de successions ne représentent que 1,3 % des recettes fiscales, soit environ 15 milliards d'euros[28]. Cette situation s'explique par les multiples possibilités d'exonération, au titre desquelles il faut citer les avantages des contrats d'assurance-vie, à la fiscalité particulièrement généreuse dans la perspective d'une transmission de patrimoine. Ces avantages, conçus au moment où l'État avait besoin de drainer l'épargne des Français pour se financer à bon marché dans un contexte où les taux d'intérêt étaient élevés n'ont plus lieu d'être quand il emprunte à taux nul ou négatif. Au total, seule une succession sur cinq est taxable et le taux moyen d'imposition se situe à environ 5 %. Il faut donc taxer mieux, comme le recommande un rapport de l'OCDE, dont les conclusions ont été reprises par la commission Tirole-Blanchard. En particulier en imposant les bénéficiaires sur les donations et héritages à l'échelle d'une vie, en tenant compte du montant cumulé, avec un seuil élevé mais sans passe-droit. L'approche est parfaitement résumée par Jean Tirole et Olivier Blanchard: «L'impôt sur les successions ne joue pas le rôle qu'il pourrait dans l'amélioration de l'égalité des chances. Plus que son taux, c'est la manière dont il est conçu et les possibilités d'y échapper qui sont en cause. Les recettes tirées de l'impôt sur les successions pourraient être explicitement affectées à une redistribution favorisant l'égalité des chances[29].»

---

27. Le taux marginal maximal est de 45 % au-delà de 1,8 million d'euros. On pourrait malgré tout créer une tranche supplémentaire pour les grosses successions, au-delà de 3 millions d'euros par exemple.

28. Dont 2,9 milliards d'euros pour les donations et 12,2 milliards d'euros pour les héritages d'après la loi de finances 2021.

29. Olivier Blanchard et Jean Tirole, «Les grands défis économiques», rapport cité.

Inciter les seniors à investir dans des projets d'avenir

L'épargne abondante des seniors, accrue pendant la crise sanitaire, est principalement investie dans des actifs sans risques – immobilier et livrets d'épargne – et finance peu l'économie productive. Comme le propose l'économiste André Masson[30], il est souhaitable d'inciter les retraités à diriger leur épargne vers des investissements d'avenir : infrastructures, formation, numérique, R&D, transition écologique en particulier. Pour éviter l'éparpillement, un nombre limité de sujets prioritaires, définis en concertation avec le Secrétariat général pour l'investissement, devraient bénéficier de ces ressources. En couplant une hausse des droits de succession pour les tranches les plus élevées avec une offre de placements financiers longs (vingt-cinq ans par exemple), largement exemptés de droits de succession[31], les seniors aisés seraient moins incités à épargner pour transmettre à leurs enfants. Les avantages de l'assurance-vie seraient eux aussi réduits pour diriger l'épargne vers ces placements d'avenir, qui pourraient être transmis aux enfants ou aux petits-enfants pour autant que la durée de détention soit respectée.

Deux mesures permettraient de rendre acceptable cette politique. D'une part, maintenir un seuil d'exemption de droits de succession des héritages en ligne directe autour de 100 000 à 150 000 euros, tous les dix ans pour accélérer le rythme de transmission (au lieu de quinze ans aujourd'hui) et permettre à la classe moyenne de transmettre un héritage à ses enfants en franchise d'impôts. D'autre part, organiser un fléchage explicite vers la jeunesse et les investissements productifs. Grâce aux économies réalisées sur le système des retraites, à l'efficacité accrue de la fiscalité sur les successions et aux incitations à investir dans

30. André Masson, *Nos sociétés du vieillissement entre guerre et paix. Plaidoyer pour une solidarité de combat*, Paris, L'AutreFace, 2020.

31. L'appétence au risque étant décroissante avec l'âge, et pour préserver l'objectif de transmission, on peut imaginer de la part de l'État une forme de garantie partielle du capital investi.

des projets collectifs d'avenir, une politique assumée de transferts descendants, des plus vieux vers les plus jeunes, pourrait être mise en œuvre. Cette solidarité économique entre générations, en plus des ressources qu'elle permet de dégager, revêt une dimension symbolique forte.

FLUIDIFIER LE MARCHÉ IMMOBILIER

Le patrimoine détenu par les baby-boomers est considérable et s'est très largement accru ces dernières années, grâce à l'augmentation de la valeur de l'immobilier et des actifs financiers. Le différentiel de patrimoine entre les moins de 30 ans et les plus de 60 ans est de l'ordre de 1 à 10 et a augmenté de 50 % entre 1992 et 2010. La « crispation patrimoniale » des baby-boomers décrite par André Masson s'exerce particulièrement dans le domaine immobilier. Les trois quarts des plus de 70 ans sont propriétaires de leur logement et le restent en grande majorité jusqu'à leur décès puisque seuls 13 % des plus de 80 ans résident en établissement adapté au grand âge. La raison de la forte hausse des prix de l'immobilier des dernières années est à chercher dans la faiblesse de l'offre face à une demande exponentielle, elle-même créée par une politique monétaire délirante, une politique foncière malthusienne, la priorité accordée à l'accession à la propriété face à la location[32]... En complément des réformes de la politique du logement évoquées plus haut, comment inciter les propriétaires âgés à transmettre plus tôt leurs biens immobiliers ? Le développement de la vente en viager, en dépit de la mauvaise réputation attachée à ces transactions (« un pari sur la mort ») est une voie à explorer. Faut-il aller plus loin et réduire les pensions des retraités aisés et propriétaires de leur logement, pour les inciter à vendre

32. On ne pointe jamais les nombreux inconvénients de cette « France de propriétaires » tant vantée il y a quelques années. Posséder à tout prix son logement, mais à quel prix ? Frein à la mobilité professionnelle, insécurité financière devant les accidents de la vie, risque d'inadaptation face aux évolutions des conditions de vie (taille du foyer, état de santé), etc.

leur bien immobilier, comme le propose Hakim El Karoui ? Dans cette logique, avec le fruit de la vente de leur logement, les seniors peuvent louer un autre logement, faire hériter leurs enfants ou petits-enfants plus précocement et prendre en charge leurs dépenses de santé. En retour, les actifs et les jeunes bénéficient de donations et d'un afflux de biens immobiliers dont les prix seront devenus raisonnables. Cette proposition extrême, outre qu'elle rompt avec l'égalité devant l'impôt, reviendrait à taxer une seconde fois le patrimoine de contribuables qui ont déjà été imposés à l'impôt sur le revenu et qui ont versé des cotisations retraites pendant leur vie active. Elle n'est donc ni réaliste ni souhaitable, mais elle montre à quel point la question immobilière radicalise les esprits les plus modérés. Il est donc vital de prendre à bras-le-corps cette question avant qu'elle ne devienne l'objet de révoltes électorales, comme cela a été le cas en Corée du Sud au printemps 2022.

4.3 – Autonomiser, accompagner, désendetter

Une dotation en capital pour les moins favorisés

Les recherches montrent que ceux qui reçoivent un capital tôt dans la vie adulte améliorent significativement la qualité de leur emploi, le montant de leurs revenus, la qualité de leur santé. Thomas Paine, sous la Révolution française, avait déjà imaginé une « dotation universelle » pour tous les citoyens arrivant à 21 ans, de quoi acheter une vache et un lapin de terre pour faciliter leur « commencement dans le monde ». Il est utile de revisiter cette idée aujourd'hui, non pas sous la forme d'un revenu universel, mais d'une dotation en capital à destination de jeunes issus de familles à faibles revenus. Le patrimoine moyen à 25 ans est de 7 000 euros. Cela n'a rien d'étonnant à l'âge où l'on entre à peine dans la vie active. Mais ceux qui ne bénéficient pas de la solidarité familiale ne peuvent pas accéder à la propriété, s'engager dans des études longues ou coûteuses, ou prendre des risques. Cette dotation en capital ne pourrait être débloquée que pour des projets d'avenir, à partir de 18 ans : création d'entreprise, formation, acquisition immobilière par exemple. Les conditions de ressources des parents et la limitation de l'utilisation à des fins dûment justifiées feraient de ce capital un outil puissant d'autonomie et d'émancipation sociale. Il s'agit de passer d'une logique de redistribution, après avoir constaté les dégâts, à une logique de « prédistribution[33] ». Cet investissement massif dans la jeunesse permettrait de rendre l'individu pleinement responsable de ses choix d'avenir, sans dépendre de ses parents. Cette dotation en capital proviendrait des économies réalisées sur les dépenses de retraite ou les recettes des droits de succession. Reste à déterminer le montant de ce capital. Trop faible (5 000 euros proposés par le PS), il n'aura pas d'effets tangibles. Trop important (120 000 euros proposés par Thomas Piketty), il n'est pas finançable à moins d'alourdir massivement la fiscalité. Une voie raisonnable pourrait consister à le fixer autour d'une année de salaire net médian, environ 25 000 euros, soit un montant proche de l'apport moyen nécessaire pour une première acquisition immobilière aux conditions actuelles du marché, pour lancer un projet d'entreprise ou financer une formation. Notons qu'une réflexion similaire est menée dans de nombreux pays, y compris ceux qui ont un système très favorable à l'héritage. En Italie, qui n'impose quasiment pas les successions (pas de taxe jusqu'à 1 million d'euros et 4 % au-delà), le gouvernement envisage d'augmenter l'imposition pour financer une dotation de 10 000 euros au profit de 200 000 jeunes défavorisés.

Un accompagnement sur mesure

Massifier l'accompagnement des jeunes les plus éloignés de l'emploi est l'autre priorité. La garantie jeunes, décrite plus haut, a été le vecteur le plus efficace à ce jour pour aider les jeunes qui ne sont ni étudiants, ni au travail, ni en formation (1,6 million de Neet) à s'insérer dans le marché du travail. Il faudra y consacrer

33. Julien Damon, Salomé Berlioux et Éric Chaney, « Investir dans la jeunesse. Dotations en capital et prêts contingents », Futuribles, mars-avril 2021.

des ressources considérables pour la transformer en « revenu d'engagement[34] » et accompagner le million de bénéficiaires potentiellement concernés, contre moins de 90 000 début 2021. Le montant de 2,4 milliards d'euros avancé par Bercy inclut les coûts d'accompagnement, clé de la réussite de cette montée en puissance. Il manquait 2 000 conseillers pour accompagner les 100 000 jeunes supplémentaires prévus en 2021. Si le financement de la dotation de 500 euros mensuel se fait au détriment de la qualité de l'accompagnement, il s'agira ni plus ni moins que d'un RSA jeunes déguisé. Une piste fructueuse et intergénérationnelle consisterait à mobiliser des retraités en les formant au préalable aux méthodes d'accompagnement. Il s'agit là d'une population connaissant parfaitement les codes du monde du travail, et souvent désireuse de transmettre son expérience. Il faut aussi, entre la sortie du système scolaire et l'entrée sur le marché du travail, « rattraper » tous ceux dont les difficultés dans les compétences de base (lire, écrire, compter) sont des lacunes rédhibitoires pour suivre une formation ou candidater à un emploi, même faiblement qualifié. Le fléchage des ressources vers les dispositifs de seconde chance est indispensable. C'est le secret de la réussite du modèle danois en direction des jeunes décrocheurs, qui combine une aide financière généreuse couplée à une obligation de formation qualifiante. La garantie jeunes n'a pas adopté toute la méthodique rigueur danoise, comme le regrette la Cour des comptes.

Il est pour le moins paradoxal qu'un jeune de moins de 25 ans en recherche d'emploi ne soit pas davantage aidé financièrement[35], alors que le senior bénéficie de trois années d'allocations au lieu de deux s'il est au chômage après 55 ans. Bien sûr, ce dernier a cotisé à l'assurance-chômage alors que le premier, par définition, n'en a pas encore eu l'occasion. Mais n'est-il pas aussi essentiel d'être soutenu pour entrer sur le marché du travail à 20 ans que pour y revenir à 55 ans ? Au Danemark, les jeunes de moins de

34. Dénomination adoptée pour insister sur l'obligation de formation et d'accompagnement.

35. Rappelons que la perception du RSA implique, sauf exception, d'avoir atteint l'âge de 25 ans.

25 ans en sortie d'études sans avoir travaillé auparavant peuvent percevoir 71,5 % du taux d'indemnisation chômage, soit environ 1 800 euros par mois. Les autres jeunes de moins de 25 ans peuvent percevoir 50 % de ce taux. C'est une logique défendue par exemple par Mathieu Klein, maire de Nancy :

> Sur le modèle du maintien des droits à l'indemnisation des seniors, une grande négociation avec les partenaires sociaux pourrait ouvrir de manière anticipée des droits à l'assurance-chômage aux jeunes primo-accédants sur le marché du travail. Versé au choix du jeune sous la forme d'une allocation pour sécuriser la recherche du premier emploi, ou d'un capital permettant la création d'activité et soutenant l'entrepreneuriat, ce financement d'un droit nouveau par l'assurance-chômage marquerait une étape importante dans la solidarité intergénérationnelle[36].

Allons plus loin, et finançons les droits anticipés des jeunes en ramenant l'indemnisation des plus de 55 ans dans le droit commun[37]. Et il sera toujours moins absurde de financer la recherche du premier emploi d'un jeune que de dépenser des milliards en défiscalisant les heures supplémentaires faute d'avoir eu le courage de détricoter les 35 heures. On peut dresser le même parallèle avec la réduction de la TVA dans la restauration, qui n'a eu aucun effet sur l'emploi tout en permettant aux restaurateurs d'augmenter leurs marges. Le clientélisme politique a la vie dure, et ses effets pervers pour le plus grand nombre dépassent largement les bénéfices pour quelques-uns.

Enfin, tout ne doit pas reposer sur l'État. Les entreprises et les collectivités territoriales peuvent puissamment contribuer à l'intégration professionnelle et sociale des jeunes. Les premières en mobilisant leurs salariés ou leurs retraités récents dans le cadre d'initiatives de

---

36. Mathieu Klein, « Contre la pauvreté des jeunes, c'est l'ensemble de notre démocratie sociale qu'il faut mobiliser », art. cit.

37. Cela implique bien sûr de les accompagner de façon beaucoup plus intensive qu'aujourd'hui pour retrouver un emploi et d'inciter les entreprises à embaucher des seniors.

mentorat portées par des associations comme Proxité, Télémaque ou Nos quartiers ont du talent, qui accompagnent les jeunes issus de quartiers prioritaires vers la réussite scolaire ou professionnelle. En 2021, seuls 12 000 jeunes étaient accompagnés dans le cadre du plan « Un jeune, un mentor », loin des 20 000 visés en 2021 et des 40 000 en 2022. Le soutien du gouvernement aux associations qui mettent en œuvre ces actions a été renforcé à hauteur de 30 millions d'euros, en supplément des maigres 10 millions d'euros qui y étaient consacrés jusqu'à présent. Il faut noter les excellents résultats de la plupart de ces initiatives, au travers desquelles des adultes expérimentés partagent bénévolement leur expérience, leurs compétences ou leur réseau avec des jeunes issus de milieux modestes, ruraux ou urbains qu'ils soient encore à l'école, en formation ou en recherche d'emploi. La systématisation du mentorat est indispensable pour la réussite de l'accompagnement.

Les entreprises – en particulier les plus grandes – peuvent aussi augmenter leurs recrutements en apprentissage au-delà de leurs besoins à court terme. D'autres créent des formations *ad hoc*, comme ces PME du Lot-et-Garonne qui ont créé leur propre BTS de maintenance industrielle[38]. La formation, gratuite pour les élèves, est financée à hauteur de 10 000 euros par étudiant et par an grâce à la réforme de la taxe d'apprentissage. Les écoles de production, qui existent depuis le XIXe siècle, sont des établissements privés créés par des entreprises industrielles. Elles permettent aux décrocheurs de retrouver le goût de l'apprentissage, avec des commandes à honorer, passées par des entreprises clientes, et des heures d'enseignement général tournées vers des cas concrets. Il n'en existe qu'une quarantaine aujourd'hui, mais la possibilité nouvelle de recevoir des subventions publiques, ouverte depuis 2020, augure d'un développement bienvenu. Les régions disposent aussi de ressources et de compétences pour lancer des initiatives prometteuses. Les projets menés par l'Île-de-France sont à cet égard particulièrement intéressants. Ils consistent à renforcer les moyens consacrés à l'orientation et à la lutte

38. « Sept entreprises spécialisées dans la maintenance industrielle créent leur BTS », *Les Échos*, 2 avril 2021.

individualisée contre le décrochage scolaire[39]. Un « revenu jeunes actifs » de 670 euros mensuels pendant six mois s'adresse aux jeunes qui acceptent de se former gratuitement dans un secteur en tension. De même, la métropole de Lyon a lancé en juin 2021 un « revenu de solidarité jeunes », qui offre à 1 500 bénéficiaires 300 à 400 euros par mois pendant six mois dans le cadre d'un « parcours actif » de formation ou d'insertion, avec une réévaluation tous les trois mois par les missions locales et des associations.

Alléger le fardeau de la dette

Il n'y a aucune raison pour que le remboursement de la dette Covid – dont les 38 milliards d'euros de déficit de la Sécurité sociale – repose exclusivement sur les générations futures. Les jeunes qui entrent dans la vie active aujourd'hui doivent déjà rembourser la dette accumulée depuis quarante ans pour financer le fonctionnement d'un État aussi obèse qu'impuissant. Est-ce encore à eux seuls de financer les mesures d'urgence prises pour préserver la vie des seniors (pour « les vieux et les gros » comme l'expriment parfois les jeunes) ? Ne serait-il pas juste que les seniors, qui détiennent l'essentiel du patrimoine financier et immobilier et dont le niveau de vie confortable n'a pas souffert de la crise pandémique, contribuent davantage ? Certes, les efforts de quelques-uns paraissent presque dérisoires face aux 450 milliards de la dette Covid, qui représente 14 années d'impôt sur les sociétés et plus d'un siècle de recettes de feu l'ISF. C'est pourquoi le concours Lépine fiscal pour rembourser la dette à coups de taxes Covid sur les entreprises ou sur les riches a peu de sens. Ce qui compte, c'est le signal politique que constituerait l'utilisation des ressources qui symbolisent par excellence l'aisance financière de la génération des baby-boomers – retraites et successions – pour alléger la charge sur les actifs. En un mot, inverser l'éternelle préférence pour le présent

39. Cela consiste par exemple à appeler individuellement les 30 000 décrocheurs franciliens. Le taux de retour au collège ou au lycée serait passé de 7 % à 57 %. Ou à rémunérer des professeurs à la retraite pour faire du soutien scolaire.

qui s'exprime de façon presque caricaturale quand on constate que malgré une chute historique du PIB en 2020, le pouvoir d'achat des ménages a augmenté. Privilégier le pouvoir d'achat, quand on n'est pas suffisamment compétitif, se fait au prix du creusement des déficits – budgétaire et commercial – et de l'augmentation de la dette. Et on l'a vu, ces déséquilibres ne servent pas à construire l'avenir, comme l'éditorialiste Éric Le Boucher le pointe cruellement : « Globalement, la France ne "profite" pas de la crise pour combler ses lacunes en recherche et développement et dans l'innovation. La preuve en est le total benoîtement donné par le "Plan de stabilité 2021-2027" transmis à Bruxelles par Bercy, qui compte sur une croissance potentielle de 1,35 % par an, égale à celle d'avant-crise, autrement dit aucunement améliorée[40]. » Dans les temps inflationnistes qui s'annoncent, il faut donc privilégier l'investissement sur la compensation sans fin des pertes de pouvoir d'achat. Quant à la dette, il faut enfin parvenir à la maîtriser en fixant des plafonds annuels de taux de croissance des dépenses publiques, définis par la loi dans le cadre d'un contrat de législature débattu au Parlement.

Il faut donc repenser de fond en comble le pacte générationnel. À pression fiscale constante – en particulier grâce au recul de l'âge du départ en retraite – les ressources existent pour accompagner, désendetter et rendre autonomes les générations futures. En un mot, réparer le tort fait aux jeunes par des années d'inertie et de non-choix. La captation des richesses par les baby-boomers n'a sans doute pas d'équivalent dans l'histoire. Qu'il s'agisse de patrimoine ou de protection sociale, ils sortent toujours gagnants des soubresauts économiques. Et comme si cela ne suffisait pas, ils pèsent aussi, par leur vote, d'un poids déterminant sur les choix politiques. La France serait-elle l'autre nom d'une ploutocratie aux cheveux blancs, qui aurait réinstauré sans le dire une forme de vote censitaire ? Dans un pays aussi farouchement égalitariste que le nôtre, toute autre catégorie de citoyens jouissant de privilèges si disproportionnés soulèverait une légitime colère. Il est plus que temps de corriger le tir.

---

40. Éric Le Boucher, « Rendre vraiment efficace un nouveau plan de relance », *Les Échos*, 7 mai 2021.

4.4 – Le vote générationnel : un choc de citoyenneté

Une décision inédite et radicale serait de nature à changer la donne : conférer un poids supérieur au vote des électeurs les plus jeunes. Si dérangeante soit-elle, cette idée mérite d'être examinée à l'aune du panorama qui précède, qui montre sans ambiguïté la situation critique dans laquelle se trouvent un nombre croissant de jeunes. C'est un levier puissant pour créer de *l'égalité des chances entre générations* et redonner de l'espoir à une jeunesse dont les perspectives se sont singulièrement rétrécies au fil des décennies.

Le poids électoral exorbitant des plus de 65 ans

L'âge médian de la population française était de 41 ans en 2021, en hausse de deux années sur une décennie. Les plus de 65 ans représentent aujourd'hui 20 % de la population, soit 14 millions de personnes. Ils étaient 10 % en 1950. Ils seront 29 % en 2070. Dans le même temps les moins de 20 ans passeront de 25 % aujourd'hui à 20 % en 2070. Il faut bien sûr se réjouir des progrès continus de la médecine et des conditions de vie qui permettent, depuis 1945, des gains continus d'espérance de vie. Mais ce vieillissement, commun à la plupart des pays européens, a des conséquences politiques bien concrètes. D'abord, et c'est une évidence, 14 millions de personnes de plus 65 ans pèsent près de trois fois plus sur le plan démographique que 5,5 millions de 18-24 ans. Mais ce n'est que le premier étage de la fusée. Sur les listes électorales, les plus de 65 ans représentent 27,5 % des inscrits alors que les 18-24 ans pèsent 11 % du corps électoral, car ils sont moins souvent inscrits sur les listes. C'est le deuxième étage. Le troisième étage est constitué par le taux de participation, largement supérieur pour les plus âgés, qui boostent ainsi leur poids électoral théorique. Globalement, les différents scrutins nationaux et locaux montrent une participation des 18-24 ans inférieure de 35 points par rapport aux plus de 65 ans. L'exemple des élections locales de 2021 est frappant. Au premier tour, 13 % des moins de

25 ans ont voté, soit 715 000 suffrages exprimés. En comparaison, 47 % des plus de 65 ans ont voté, soit 6,6 millions de bulletins de vote. Cela représente un rapport de 1 à 9 entre le « vote jeune » et le « vote vieux » alors que le rapport démographique n'est que de 1 à 2,5. De façon plus précise, à partir des données de l'Ifop, le politiste Vincent Tiberj a calculé qu'aux régionales de 2021, le vote des plus de 65 ans a représenté 1,4 fois leur poids dans la population, tandis que la proportion du vote des moins de 35 ans a représenté la moitié de leur poids dans la population[41]. La préférence de l'électorat âgé pour la préservation de l'existant, qui rassure, explique en partie la prime aux sortants, et donc le fait que très peu d'exécutifs locaux aient changé de main.

On pourra dire que le crash démocratique de 2021 est hors norme. Sans doute par son ampleur, mais pas dans sa nature : l'écart entre la participation des plus jeunes et celle des plus vieux est une constante. Même pour l'élection présidentielle de 2007, qui a connu une participation exceptionnelle – l'effet de nouveauté des candidats et le clivage idéologique jouant à plein. Le taux de participation aux deux tours des moins de 25 ans a été de 62 % tandis que les 65-74 ans ont voté à 80 %. Quantitativement, le « vote vieux » a donc pesé en 2007 près de deux fois plus que le « vote jeune ». Par la suite, un jeune sur deux n'a pas voté aux législatives. Dans le même temps, 65 % des électeurs de 60-69 ans ont voté aux deux tours de la présidentielle et des législatives.

Bien sûr, on ne peut pas reprocher aux plus âgés d'exercer leur devoir de citoyens et exonérer les plus jeunes de toute responsabilité. Mais une telle disproportion pèse sur les choix politiques les plus fondamentaux. C'est là le troisième et dernier étage de la fusée, qui explique nombre de décisions structurantes des dernières décennies.

---

41. Audition par la mission d'information sur l'abstention, Assemblée nationale, décembre 2021.

DES POLITIQUES PUBLIQUES SURDÉTERMINÉES PAR LES PLUS VIEUX

Il serait injuste et absurde de cogner indistinctement sur les baby-boomers. D'abord, l'expérience de vie des différentes vagues du baby-boom est loin d'être uniforme : une personne née au début des années 1950 et une autre née quinze ans plus tard n'ont pas connu les mêmes conditions de vie. Et par ailleurs les inégalités intra-générationnelles parmi les baby-boomers ne sont pas moins importantes qu'au sein d'autres générations. Ensuite, il serait abusif de parler de politiques publiques délibérément « anti-jeunes ». Mais l'importance de l'électorat âgé influe mécaniquement sur la propension des gouvernements à mener des politiques surdéterminées par les plus vieux, en particulier sur le plan fiscal, économique et monétaire[42]. Une élection se gagne avec l'électorat âgé. Une fois au pouvoir, il faut satisfaire cet électorat et continuer à le séduire pour espérer être réélu. Les économistes spécialistes de la concurrence parlent de « capture du régulateur[43] » quand un secteur économique influe sur la régulation dont il est l'objet, à son seul profit. Ils en concluent que l'État neutre, qui régule impartialement l'activité économique au profit du bien commun, est un mythe. De la même façon, les vieux ont capturé le système électoral. D'où cette obsession de la sécurité, qui domine la plupart des campagnes électorales, si locales soient-elles, et qui prend le pas sur la véritable sécurité, celle des destins, ce qui explique largement, malgré des dysfonctionnements documentés de longue date, la difficulté à bousculer le système des retraites, le marché du travail ou la fiscalité sur les successions. Même les dérives du marché de l'immobilier pâtissent de ce biais, tant elles satisfont un électorat âgé

42. Voir à ce sujet la démonstration implacable de la gestion démographique de la crise financière de 2008 par Hakim El Karoui, *La Lutte des âges*, *op. cit.*

43. L'inventeur de ce concept est le prix Nobel d'économie George Stigler, dans son article « The Theory of Economic Regulation », Bell Journal of Economics, The RAND Corporation, 1971.

de propriétaires, dont le patrimoine s'apprécie sans discontinuer. En Grande-Bretagne, l'anecdote est connue. Quand George Osborne, alors chancelier de l'Échiquier de David Cameron déclare : « Par chance, nous allons avoir une bonne petite hausse du prix des maisons, et tout le monde sera content », il entérine purement et simplement la prééminence des plus vieux sur les choix politiques du gouvernement britannique tant il est évident que « tout le monde » désigne les propriétaires, sociologiquement les plus âgés. Résultat, quelques années plus tard, parmi les Britanniques de plus de 65 ans, une personne sur cinq dispose d'un capital égal ou supérieur à 1 million de livres. Que les autres se débrouillent pour se loger.

Aux grands maux, les grands mots : l'enjeu véritable est de nature civilisationnelle. Dans quelle société voulons-nous vivre ? Sommes-nous conscients du choix par défaut qui s'est, insidieusement, imposé ? Celui d'une survalorisation du passé au détriment de l'avenir, ce que Louis Chauvel résume parfaitement :

> Une société où la projection dans l'avenir prévaut tend ainsi à peu valoriser les droits de retraite et de propriété de ses anciens, à exiger des aînés de longues carrières avant qu'ils ne puissent prétendre à une pension, à offrir des allocations familiales plus importantes, à privilégier l'embauche et l'investissement dans de nouvelles productions. Elle peut être caractérisée aussi par de faibles rendements des titres boursiers, et l'inflation y est un pis-aller regrettable mais qui n'a rien de rédhibitoire, affaiblissant ainsi les droits des détenteurs de créances. La dette publique n'y est guère un enjeu et certainement pas un tabou, pourvu qu'elle serve l'investissement.

On voit assez, en creux, le portrait-robot de la société française : dette sociale hors de contrôle, consommation reine, État protecteur, compensation de l'inflation à tout prix, recherche du rendement au détriment de l'investissement, ajustement par le chômage… À défaut d'être un projet de société, c'est un choix qui mérite, à tout le moins, d'être explicitement mis en débat. D'autres pays, comme l'Allemagne, n'ont pas fait le même choix, au prix de ce que certains ont appelé un suicide électoral[44] : le producteur y a l'avantage sur le consommateur, l'apprentissage sur la retraite, l'investissement sur le rendement.

La situation actuelle de la jeunesse résulte donc en grande partie d'équilibres électoraux qui incitent les gouvernants à arbitrer en défaveur de ceux qui pèsent le moins sur leur élection. Les conséquences sont dramatiques pour les jeunes, qui subissent les rigidités d'un système stratifié qui les maintient en marge de la société.

LE VOTE GÉNÉRATIONNEL : UNE RÉVOLUTION DÉMOCRATIQUE

On pourrait parfaitement inverser la charge de la preuve et dire aux jeunes de se prendre en main. Si vous voulez changer la société dans laquelle vous vivez, votez ! Ce sont à peu près les injonctions rituelles que l'on répète d'élection en élection, avec le succès que l'on sait. C'est surtout confondre les causes et les conséquences. Quand les jeunes ne votent pas, ils s'expriment. Il est toujours délicat d'interpréter un silence. Mais on peut y voir, *a minima*, l'expression d'une profonde insatisfaction à l'égard du système politique, qui s'avère incapable de répondre aux enjeux prioritaires des jeunes : leur intégration dans la vie adulte, la préservation de la planète, la question des inégalités. Ils s'abstiennent parce qu'ils ne trouvent plus de *bonnes* raisons de voter : l'écart entre leurs aspirations et l'offre politique d'une part, entre leur réalité vécue et les promesses non tenues d'autre part est devenu abyssal. L'abstention des jeunes est donc le résultat d'une double crise du politique, celle de la vision et celle de l'efficacité. Et il est démoralisant d'être représenté par des élus à peine trentenaires qui vivent, parlent et agissent comme de vieux politiciens dans un corps de jeune. Il y a urgence à éviter qu'il ne reste aux jeunes que de *mauvaises* raisons de voter, c'est-à-dire qu'ils

---

44. Le chancelier Gerhard Schröder, à l'origine du sursaut productif et social allemand, n'a pas été réélu en 2005.

trouvent dans le bulletin de vote une façon d'extérioriser les passions tristes (vengeance, peur, ressentiment, jalousie...) qui leur resteront quand l'espérance les aura désertés. La question n'est donc pas d'intéresser les jeunes à la politique – ils s'y intéressent à leur façon, comme on l'a vu plus haut. Mais de faire en sorte que la politique s'intéresse (vraiment) aux jeunes.

Comment mettre fin à ce lent effondrement démocratique ? Les rapports officiels sur le sujet foisonnent d'analyses pour diagnostiquer l'abstention, mais restent peu audacieux quant aux solutions. Le rapport de la Fondapol, réalisé à la demande du président de l'Assemblée nationale, pourtant l'un des plus aboutis sur la question, intitule d'ailleurs prudemment sa dernière partie « Contenir l'abstention », comme s'il ne s'agissait plus que d'endiguer le mal et non pas de le faire reculer[45]. Ces travaux explorent toutes sortes de mécanismes pour augmenter la participation. Le vote obligatoire, le droit de vote à 16 ans, l'inscription automatique sur les listes électorales à la majorité ou en cas de déménagement, le vote anticipé par correspondance, le vote électronique, des bureaux de vote itinérants, etc. sont autant de solutions évoquées après le désastre des élections locales de 2021. L'inscription d'office sur les listes permettrait d'augmenter potentiellement le corps électoral de 5 à 6 millions d'inscrits, ce qui est massif mais ne garantit pas la participation. Le droit de vote à 16 ans, en vigueur dans deux *Länder* allemands, à Malte, en Autriche, au Brésil, à Cuba et en Slovénie intégrerait 1,5 million de citoyens dans le corps électoral et pourrait être expérimenté aux élections locales. Ce serait un excellent premier pas vers un rééquilibrage générationnel[46]. Pour le reste, ce solutionnisme frénétique laisse perplexe. De telles propositions auront un effet marginal, certaines sont à proscrire car peu fiables (vote par Internet) ou contre-productives (vote obligatoire) et aucune d'entre elles ne permettra de changer fondamentalement la donne. En s'attaquant aux moyens et non

45. « Rapport pour l'Assemblée nationale », Fondapol, novembre 2021.

46. Voir à ce sujet l'argumentaire parfaitement documenté de Julien Damon, *Établir le droit de vote à seize ans. (Im)pertinence d'une innovation pour rééquilibrer politiquement les générations*, Paris, (Im)pertinences, 2010.

pas aux fins, on se perd dans la tuyauterie au lieu de descendre dans la salle des machines, au cœur du problème. L'ouvrier maladroit qui accuse sa trousse à outils de tous les maux ne devient pas un meilleur ouvrier pour autant. Ce ne sont pas les outils qui sont en cause, c'est le système lui-même qui doit se transformer. Parce que, comme l'analyse Pierre Rosanvallon, historiquement la démocratie s'est toujours manifestée à la fois comme une promesse et comme un problème : « Promesse d'un régime accordé aux besoins de la société, cette dernière étant fondée sur la réalisation d'un double impératif d'égalité et d'autonomie. Problème d'une réalité souvent fort loin d'avoir satisfait ces nobles idéaux. Le projet démocratique n'a cessé d'être inaccompli là même où il était proclamé, qu'il soit grossièrement perverti, subtilement rétréci ou mécaniquement contrarié[47]. »

Or, les tentatives de renouvellement démocratique trouvent rapidement leurs limites : la démocratie participative peine à convaincre. Les budgets participatifs municipaux sont, la plupart du temps, d'un montant si modeste qu'ils permettent, au mieux, d'arbitrer entre la réfection d'une aire de jeux et l'aménagement d'un jardin ou d'un parking à vélos. À la suite de la crise des Gilets jaunes, de nouveaux modes de consultation ont vu le jour. Le Grand Débat, avec 10 000 réunions et 500 000 contributions écrites a été une innovation audacieuse. Mais l'exploitation du contenu des cahiers de doléances et des réunions relève du casse-tête et n'a donné lieu à aucune analyse approfondie. La Convention citoyenne pour le climat qui a suivi était une façon habile de mobiliser l'intelligence collective de simples citoyens sur un sujet d'intérêt général. La compétence de citoyens tirés au sort sur un sujet aussi complexe ne va pas de soi, même avec l'éclairage d'experts. Quant à leur légitimité politique, elle est éminemment problématique : si des citoyens non élus font la loi, à quoi servent les parlementaires ? Surtout, le résultat de mois de travail n'a pas été à la hauteur : la Convention s'est abîmée sur des micro-sujets (le menu des cantines scolaires), avec une propension au

47. Pierre Rosanvallon, *La Contre-démocratie*, *op. cit.*

combat idéologique et n'a pas permis d'aborder le sujet pourtant essentiel de la taxe carbone. La révision constitutionnelle de 2008 a créé la possibilité de convoquer un référendum à l'initiative « d'un cinquième des membres du Parlement, soutenus par un dixième des électeurs inscrits sur les listes électorales », soit plus de 4,5 millions de personnes. Il n'a jamais été mis en œuvre, comme le cas d'Aéroport de Paris l'a montré, faute de quorum suffisant. Le référendum d'initiative citoyenne demandé par les Gilets jaunes se passe, quant à lui, de validation préalable par les parlementaires. Mais le régime de démocratie directe qui en résulterait nous ferait entrer dans un autre système politique, dont l'efficacité reste à prouver.

La démocratie représentative telle que nous la connaissons ne répond que très imparfaitement à ses promesses. Le vote générationnel permet de la régénérer en préservant à la fois le souci du bien commun et celui du long terme. Concrètement, il s'agit de pondérer le vote en fonction de l'âge. On pourrait par exemple définir les règles suivantes : de 18 à 35 ans (13 millions de personnes), un bulletin de vote compte double ; entre 36 et 65 ans (25 millions de personnes), un bulletin de vote compte pour 1,5 voix ; à partir de 66 ans (13 millions de personnes), un bulletin de vote compte pour une voix. Quantitativement, le vote des 18-35 ans pèserait encore deux fois moins que le reste de la population. Mais leur motivation à participer au vote serait évidemment accrue et leur poids dans les élections augmenterait mécaniquement. Les autres catégories d'âge, redoutant de se laisser marginaliser, exerceraient davantage leur droit de vote, ce qui mettrait fin à l'effondrement de la participation.

Face à une sécession à bas bruit mais bien réelle, il devient vital de réintégrer la jeunesse à la société, en lui permettant de peser sur les grands choix d'avenir, mais aussi, plus égoïstement, d'exprimer sa vision de la société et de ses intérêts. C'est à ce prix que l'abstention, qui sape les fondements mêmes de la démocratie, retrouvera un niveau acceptable. C'est un double pari, inédit : d'une part, si la voix des jeunes compte vraiment, ils voteront davantage ; d'autre part, ils seront plus attentifs aux conséquences de leur vote. Ce pari comporte une part d'inconnu, mais on aurait tort d'y voir un viol des principes universalistes de la démocratie, une expérimentation hasardeuse ou une utopie sans lendemain. Les Cassandre ont beau jeu de souligner qu'un tiers des 18-34 ans votent à l'extrême droite et un tiers à l'extrême gauche. La surpondération du vote jeune serait donc le meilleur moyen de porter au pouvoir un président de la République et une Assemblée populistes. D'abord, privilégier un système électoral en fonction du résultat politique qu'on en attend est un calcul fort peu démocratique. Ensuite, c'est un raisonnement statique, toutes choses égales par ailleurs, comme si les jeunes n'allaient pas exercer de façon responsable le pouvoir conféré par leur vote. Et comme la présidentielle de 2022 l'a montré, le vote des jeunes au second tour s'est porté massivement sur Emmanuel Macron et plutôt que Marine Le Pen. Le vote populiste se nourrit justement du sentiment d'impuissance du politique et de l'inutilité du jeu démocratique. Ce sentiment n'a plus lieu d'être dès lors que le bulletin de vote retrouve la puissance qu'il avait perdue.

RÉSOLUTION DANS LES URNES OU RÉVOLUTION DANS LA RUE ?

Le *statu quo* n'est pas une option. Si la révolution ne se fait pas démocratiquement, dans les urnes, elle se fera violemment, dans la rue. On se souvient de Jean Lecanuet, garde des Sceaux de Valéry Giscard d'Estaing, s'adressant aux sénateurs au sujet de l'abaissement de la majorité à 18 ans et pour qui le bulletin de vote valait mieux qu'un pavé. C'est déjà un argument suffisant. Mais on oublie trop souvent que quand on s'adresse aux jeunes pour régler leurs problèmes, on s'adresse aussi à leurs parents et à leurs grands-parents. Les plus de 65 ans, conscients de leur position singulière de baby-boomers privilégiés, ne verraient pas forcément avec hostilité ce changement, opéré au profit de leurs enfants et petits-enfants et sans que leur propre situation matérielle en soit affectée.

Bien sûr, cette proposition remet profondément en question le fonctionnement de la démocratie telle que des siècles de philosophie politique occidentale nous l'ont enseignée, confortée par plusieurs décennies de pratique républicaine. Les objections sont nombreuses : rupture de l'égalité devant le vote, fragilisation de l'intérêt général, expérimentation électorale hasardeuse, ouverture de la boîte de Pandore catégorielle… Chacune de ces objections est sérieuse et mérite une réponse argumentée. On pourra objecter que le vote pondéré n'a jamais été expérimenté : et alors ? La Californie l'a brièvement envisagé dans les années 2000, mais comme à rebours : il s'agissait alors de donner une demi-voix aux 16-17 ans et un quart de voix aux 14-15 ans[48]. En 1973, Michel Debré proposait de donner plus de poids aux voix de ceux qui avaient des enfants. L'objection la plus fondamentale tient à l'acceptation du principe majoritaire dans nos démocraties, qui repose sur l'égalité des voix. Si certaines voix pèsent plus que d'autres, comment accepter le résultat ? La réponse tient dans le processus législatif et constitutionnel du changement des règles du jeu. Les citoyens accepteront les résultats du vote parce qu'ils auront adhéré, au terme d'un débat, à la légitimité du principe même de pondération. Les délibérations liées au projet de réforme constitutionnelle indispensable pour mener à bien une telle transformation y pourvoiront. La Nouvelle-Calédonie constitue à cet égard un précédent particulièrement intéressant. Après les graves tensions des années 1980 auxquelles l'accord de Nouméa a mis un terme, l'évolution de ce territoire d'outre-mer a nécessité deux révisions constitutionnelles, l'une en 1998, l'autre en 2007. Ces révisions ont intégré des dispositifs permettant de déroger à des principes à valeur constitutionnelle « pour assurer l'évolution de la Nouvelle-Calédonie dans le respect des orientations définies » par l'accord de Nouméa. Ces modifications de la Constitution ont permis l'organisation de trois référendums pour approuver ou rejeter l'accord de Nouméa par un corps électoral restreint,

48. Un État a franchi le pas : le Vatican, qui limite le droit de vote des cardinaux à 80 ans pour élire un nouveau pape. Au Luxembourg, au Pérou ou en Équateur le vote est obligatoire jusqu'à un certain âge, puis facultatif. Il semble donc légitime, dans certains pays, de faire de l'âge un critère pertinent pour voter.

dont le dernier a eu lieu en décembre 2021[49]. À moins de dix ans de résidence, on ne peut pas voter. Le principe de différenciation au sein du corps électoral a donc déjà été validé par le passé, pour tenir compte d'un contexte particulier. Cette règle du jeu a été unanimement acceptée par les négociateurs calédoniens, et le Parlement français a accepté de rompre le principe d'un droit de vote uniforme pour tous les citoyens. Un autre exemple bien connu d'inégalité institutionnelle dont on s'accommode depuis les origines de la démocratie parlementaire française est celui de la répartition du nombre de députés par circonscription. La tradition veut que chaque département ait droit, au moins, à deux députés, quelle que soit sa population. On en arrive ainsi à des situations d'inégalité extrême, par exemple entre la deuxième circonscription de Lozère (35 000 habitants) et la deuxième circonscription du Val-d'Oise (189 000 habitants)[50] qui élisent chacune un député. Jusqu'en 2010 les voix de deux habitants de Lozère pesaient autant que celles de onze habitants du Val-d'Oise, soit une inégalité de 447,5 % entre les électeurs des deux circonscriptions ! Ces deux exemples montrent que le principe « un homme = une voix » est une convention qui supporte des accommodements – pour le meilleur, comme en Nouvelle-Calédonie – ou le pire, si le découpage électoral fait fi du poids démographique.

« La vie de la démocratie n'est nullement faite de la confrontation à un modèle idéal : elle est d'abord exploration d'un problème

49. La loi constitutionnelle du 20 juillet 1998 permet notamment l'organisation de la consultation tendant à l'approbation de l'accord de Nouméa par un corps électoral restreint et reconnaît une citoyenneté propre à la Nouvelle-Calédonie, fondant les restrictions apportées au corps électoral pour les élections au congrès et aux assemblées de province. La loi constitutionnelle du 23 février 2007 prévoit que seuls peuvent être électeurs pour la désignation des membres du Congrès et des assemblées de province en Nouvelle-Calédonie les personnes inscrites sur le tableau arrêté en vue de la consultation du 8 novembre 1998 et justifiant d'une durée de résidence de dix ans en Nouvelle-Calédonie à la date de l'élection, ainsi que leurs enfants lorsqu'ils accèdent à la majorité.

50. Exemple cité par Michel Balinski, « Lois électorales. Le vote à la découpe », *Commentaire*, 110, été 2005.

à résoudre[51]. » En l'occurrence, le problème à résoudre est clair : c'est la distance entre égalité quantitative et égalité qualitative. L'égalité quantitative (un homme = une voix) ne suffit pas à fonder un destin partagé car que vaut une égalité théorique qui n'a pas de traduction dans la réalité ? Le tiers du corps électoral qui participe au vote est-il qualifié pour définir l'intérêt général ? Et selon quelle fatalité la composition du corps électoral devrait-elle être immuable ? En 1791, pour voter il fallait être un homme de plus de 25 ans et disposer d'un patrimoine. Il a fallu attendre 1848 pour que le suffrage universel masculin soit adopté. Et on oublie souvent qu'avant 1945 la moitié de la population française n'avait pas le droit de voter. Enfin, s'il fallait une seule raison, quelle autre catégorie de citoyens que les jeunes peut revendiquer autant de droits sur l'avenir ?

On peut attendre de la surpondération du bulletin de vote des jeunes au moins trois effets majeurs.

– D'abord, et c'est un truisme, la voix des jeunes comptera. En d'autres termes, *leurs choix pèseront réellement* sur les politiques publiques qui façonnent la communauté de destin de la Nation. En se déterminant sur les enjeux qui sont les leurs, ils feront en réalité bénéficier tous les Français d'avancées sur des choix essentiels : éducation, formation professionnelle, marché de l'emploi, logement, protection sociale, retraites... *In fine*, les gouvernements seront incités à passer au filtre de la jeunesse – et donc du long terme – l'ensemble des politiques publiques du pays.

– Ensuite, le vote générationnel permet de *redonner confiance* aux jeunes dans la capacité transformatrice de la démocratie. La défiance des jeunes dans le monde politique prend sa source dans la distance entre les résultats et les promesses, les paroles et les actes, les décisions et les changements réels. Le ressentiment se nourrit aussi de la prise de conscience que les choix politiques, depuis des décennies, ont préservé les positions acquises des générations plus âgées. Éviter la préférence potentielle pour le chaos

51. Pierre Rosanvallon, *La Contre-démocratie*, *op. cit.*

de jeunes qui n'ont plus rien à perdre nécessite de désamorcer cette spirale de désagrégation sociale.

– Enfin, donner un poids supérieur au vote des jeunes est un moyen puissant de *remettre en route l'ascenseur social* sans marges de manœuvre budgétaires. La surpondération du vote des jeunes incitera les programmes électoraux à s'ajuster pour mieux prendre en compte les aspirations d'une catégorie de la population à laquelle on ne propose trop souvent que les illusions du revenu universel ou l'ersatz des emplois aidés.

On pourrait enfin mettre à l'ordre du jour des arbitrages collectifs vitaux et trop longtemps différés : comment assainir les marchés de l'immobilier, de la formation et du travail pour faire en sorte qu'ils ne soient plus des rentes mais le résultat de politiques publiques efficaces, grâce à des investissements publics et privés ? Comment faciliter l'accès des jeunes aux dispositifs de droit commun et dans le même temps concevoir des mesures spécifiques pour eux ? Faut-il mettre à contribution les retraités et réduire leur niveau de vie pour alléger le fardeau sur les jeunes et les actifs ? Si oui, par quels mécanismes de financement ? Faut-il augmenter la quantité globale d'heures travaillées pour accroître la richesse collective ? Quelles réorientations de transferts intergénérationnels sont-elles souhaitables ? La politique environnementale est-elle suffisamment ambitieuse pour préserver le sort des générations futures[52] ? Autant de questions auxquelles un corps politique par nature peu audacieux sera contraint de s'attaquer grâce à l'aiguillon du vote générationnel.

Le vote générationnel pourrait donc constituer la mesure emblématique d'une politique globale de la jeunesse au service d'un projet de société. Une société vieillissante protège ses rentes. Une société jeune fait de la mobilité sociale un horizon à la fois possible et désirable. Un projet de loi pourrait être soumis à référendum, après l'adoption d'un texte dans les mêmes termes

52. En Allemagne, le tribunal constitutionnel de Karlsruhe a répondu par la négative en invalidant la loi de 2019 sur la protection du climat au motif qu'elle conduit à « restreindre pratiquement et potentiellement toute forme de liberté » pour les générations futures.

à l'Assemblée nationale et au Sénat. Une mise en œuvre graduelle suivrait, en commençant par les élections locales. Le vote générationnel aurait une portée novatrice et historique de même nature que le droit de vote accordé aux femmes en 1945, l'élection du président de la République au suffrage universel direct en 1965 ou l'abaissement de la majorité à 18 ans en 1974. À cet égard, les propos de Valéry Giscard d'Estaing, à peine élu président de la République, résonnent encore avec une acuité particulière : « La transformation de la société française que nous voulons conduire, j'entends que nous la conduisions avec l'appui, avec le soutien, avec l'imagination, avec la confiance de la jeunesse française qui s'exprimera, notamment, désormais par son vote[53]. »

53. Allocution télévisée, 12 juin 1974.

Conclusion

Comme le suggère Pierre Rosanvallon, il faut accepter que notre démocratie soit imparfaite. Ce n'est pas un édifice immuable mais un processus inachevé parce qu'inachevable, une finalité sans fin, une forme politique fragile et perfectible dont le devenir ne tient qu'à nous. Depuis le printemps 2020, on entend en boucle cette litanie : la crise sanitaire a été un révélateur et un accélérateur. Ce constat ne fait aucun doute quant au sort fait à la jeunesse, dont la pandémie a révélé le peu de poids qu'elle avait dans une société vieillissante qui a érigé la spoliation des jeunes au rang d'art majeur.

La radiographie de notre système démocratique livre une conclusion d'une brutale simplicité : la France est sur un volcan et la tentation de la sécession est plus forte que jamais. Tandis que les capteurs s'affolent à intervalles de plus en plus rapprochés, des solutions audacieuses doivent être portées dans le débat public. À défaut, la démocratie de rejet pourrait s'imposer à la démocratie de projet. « Je porte malheur aux gouvernements qui me négligent[1] » : ce mot attribué à Talleyrand sonne aujourd'hui comme un ultime avertissement des jeunes aux gouvernants.

---

1. « Mon Dieu, Sire, je n'ai vraiment rien fait pour cela, c'est quelque chose d'inexplicable que j'ai en moi et qui porte malheur aux gouvernements qui me négligent » (Talleyrand à Louis XVIII qui lui demandait comment il avait pu voir la fin de tant de régimes).

En parler toujours, mais n'agir jamais, tant le poids électoral des plus âgés est déterminant. Cette réalité quantitative conforte le conservatisme de la société et congèle bien des velléités de réforme. Elle fait la fortune de quelques stratèges électoraux, qui vendent des voix comme d'autres des yaourts. Mais la segmentation des clientèles électorales est un jeu aussi dangereux que vain. Dans l'intervalle, « nous avons perdu en imagination ce que nous avons gagné en connaissances[2] » et bien des frustrations se coagulent. Les Français méritent mieux. Quel choc soignera notre préférence obsessionnelle pour le présent ? D'où viendront l'audace de la transgression et le souci du long terme, conditions *sine qua non* du sursaut ?

Si nous « sommes en guerre » et que la situation du pays est aussi critique qu'à la Libération, alors il est grand temps d'agir. En particulier parce que plus la question générationnelle sera abordée tôt, plus le consensus autour d'un nouvel équilibre aura la chance d'émerger, au lieu qu'elle soit brutalement mise à l'ordre du jour par des circonstances dramatiques. Il faut prendre au mot le président de la République, quand il déclare : « Nous avons une nouvelle décennie française à bâtir, qui sera la décennie de notre jeunesse[3]. » En 1945, la remise à plat a été générale, tant sur le plan social (Sécurité sociale), politique (droit de vote aux femmes, nouvelle Constitution) qu'économique (nationalisations, dirigisme). Il faut mettre fin à la rente démographique des seniors et réinvestir dans les fondamentaux : éducation, infrastructures, excellence industrielle, désendettement. Plus que du programme du Conseil national de la résistance, c'est de l'esprit de 1958 qu'il convient de s'inspirer : un pays fracturé qui ne demande qu'à repartir de l'avant grâce à une vision d'avenir, éclairée par les désastres passés et sans concessions sur l'essentiel. Faisons confiance aux jeunes : ils sauront faire preuve de sagesse quand le destin collectif reposera entre leurs mains. Il y a urgence, avant que la jeunesse ne porte malheur à ceux qui l'ont trop négligée.

---

2. Benjamin Constant, *De l'esprit de conquête et de l'usurpation*, 1814.

3. Emmanuel Macron, interview à la presse quotidienne régionale, 30 avril 2021.

Remerciements

Je tiens à remercier Philippe Manière, Julien Damon, Marie Baléo et Erell Thevenon-Poullennec pour leur lecture attentive, critique et bienveillante. Les analyses et propositions de cet ouvrage n'engagent bien sûr que moi. Les erreurs et imprécisions éventuelles qui ont échappé à leur vigilance sont de mon entière responsabilité.

Table des matières

Ouvrages de la collection « Entreprises et société »

Xavier Fontanet,
Si on faisait confiance aux entrepreneurs, 2010

Jean Emmanuel Combes,
Pour que votre retraite soit un succès, 2011

Laurent Acharian, Philippe Degonzague, Marc Gerretsen,
Les Cent Jours des dirigeants, 2011

Sylvie Gilbert,
Femmes d'altitude, 2012

Maurice Thévenet,
Managers en quête d'auteur, 2012

Institut Montaigne,
Réformer par temps de crise, 2012

Patrick Artinian,
Visages de France 2012,
ma campagne électorale, 2012

Institut Montaigne,
Intérêt général, que peut l'entreprise ?, 2013

Edgard Added, Carine Dartiguepeyrou,
Image et rayonnement du DRH, 2013

Bertrand Martinot,
Chômage : inverser la courbe, 2013

Arnaud Robinet et Jacques Bichot,
La Mort de l'État providence.
Vive les assurances sociales !, 2013

David Brunat,
Giovanni Falcone, Un seigneur de Sicile, 2014

Yves Morieux et Peter Tollman,
Smart Simplicity. Six règles pour gérer la complexité
sans devenir compliqué, 2014

Robin Rivaton,
La France est prête. Nous avons déjà changé, 2014

Cécile Philippe,
Trop tard pour la France ?
Osons remettre l'État à sa place, 2014

Edgard Added, Carine Dartiguepeyrou,
Isabelle Lamothe, Robin Sappe,
DRH, Le choc des ruptures, 2014

Julien Damon, Christophe de Voogd,
Gaspard Koenig, Cécile Philippe,
50 matinales pour réveiller la France, 2015

Jacques Bichot,
Labyrinthe. Compliquer pour régner, 2015

Jean-François Pradeau,
*Gouverner avec le monde.
Réflexions antiques sur la mondialisation*, 2015

Laurent Kott, Antoine Petit,
dirigé par Ariane Beauvillard,
Chercheurs et entrepreneurs, c'est possible !, 2015

Jean-François de Raymond,
L'Esprit de la diplomatie. Du particulier à l'universel, 2015

Martin Reeves, Knut Haanæs,
Janmejaya Sinha
Quelle stratégie pour votre stratégie ?, 2015

Édith Coron, Anne Garrigue,
*Les Nouveaux Éclaireurs de la Chine.
Hybridité culturelle et globalisation*, 2015

Patrick Lagadec,
*Le Continent des imprévus.
Journal de bord des temps chaotiques*, 2015

Laurent Moisson,
Napoléon, Hannibal… ce qu'ils auraient fait du digital, 2016

Olivier Babeau,
La Nouvelle Ferme des animaux, 2016

Clément Finet,
*Vraies passions, vrais talents.
Et si les passionnés étaient les salariés modèles
de demain ?*, 2016

Félix Torres,
*L'Intelligence de l'entreprise.
Quarante ans de réflexion patronale en France*, 2016

Arnaud Maigre,
*Plaidoyer pour l'entrepreneur.
Vers une réconciliation des valeurs*, 2016

Murat Lama,
Lee Kuan Yew, Singapour et le renouveau de la Chine, 2016

Thierry Wellhoff,
Le Procès de la communication. Accusée, levez-vous !, 2016

Jean-François Pradeau,
Sur la route du front, 2016

Ivan Best,
Sortir du bazar fiscal, 2016

Radoine Mebarki
(en collaboration avec Mathilde Habert),
Tous repreneurs ! Le nouveau mode d'Emploi, 2017

Patrick Tudoret
Le Bonheur et autres broutilles.
Chroniques du journal La Montagne, 2017

Erwan Le Noan,
La France des opportunités.
Toutes les bonnes nouvelles qu'on ne vous dit pas, 2017

Olivier Babeau,
L'horreur politique, l'État contre la société, 2017

Hervé Machenaud,
La France dans le noir. Les méfaits de l'idéologie
en politique énergétique, 2017

Jean-Pierre Beaudoin,
Des pouvoirs de l'opinion, 2017

Thierry Keller, Arnaud Zegierman,
Ce qui nous rassemble.
Comment peut-on être français ?, 2017

Hervé Maupin,
La folle épopée des frères Willot.
De la Société du Crêpe Willot à LVMH, 2017

Richard Duqué,
Une vie au Quai
De la guerre froide au chaos du XXIe siècle, 2018

Lucian Boia,
La fin de l'Occident
Vers le monde de demain, 2018

Bernard Deforge,
Matrices
Mes vies en multiplex, 2018

Sabine Choquet,
Unis par la diversité.
Ces pays forgés par leurs différences, 2018

Luc de Brabandere,
Petite philosophie de la transformation digitale
ou comment (re)découvrir l'art du zigzag, 2019

Jean-Pierre Fiquet,
Chine 2020
l'illusion d'une prospérité sans fin, 2019

Jean-Philippe Delsol
Éloge de l'inégalité, 2019

Pierre Bellon
Servir pour faire grandir
Les convictions iconoclastes du fondateur de Sodexo, 2019

Félix Torrès, Michel Hau
Le virage manqué. 1974-1984 :
ces dix années où la France a décroché, 2020

Bernard Abate
Notre travail sera-t-il plus intelligent ?,
Ce qui change avec le numérique, 2020

Luc Callebat
Entreprendre, donc servir
Carnet de route d'un dirigeant d'entreprise
(Algérie 2010-2014), 2021

Xavier Fontanet
Conquérir le monde avec son équipe
La fabuleuse histoire d'Essilor (1990-2013), 2021

Charles-Henri Le Chevalier
La Rémunération des grands patrons
Halte à la démesure !, 2021

Frédéric Monlouis-Félicité
La Guerre des générations aura-t-elle lieu ?, 2022

Composition et mise en pages :
Flexedo (prepresse@flexedo.com)

Ce volume,
le cinquante-sixième
de la collection « Entreprises et société »
publié aux Éditions Les Belles Lettres
a été achevé d'imprimer
en août 2022

N° d'éditeur : 10355
N° d'imprimeur : 220755
Dépôt légal : octobre 2022
Imprimé en France